AF336775

HENRI SELLIER

Conseiller général de la Seine. — Maire de Suresnes.

ESSAI

SUR

LES ÉVOLUTIONS COMPARÉES

DU

LOGEMENT & DE LA POPULATION

DANS LE

DÉPARTEMENT DE LA SEINE DE 1896 A 1911

Jamais les conséquences redoutables du surpeuplement de l'agglomération parisienne ne sont apparues plus nettement aux yeux de tous les observateurs avertis; la crise du logement, dont tant de gens ressentent les atteintes en ce moment, a été aggravée du fait de la guerre dans des proportions qu'il nous est impossible d'évaluer en l'absence très regrettable de documents statistiques récents. Mais ce n'est pas un fait nouveau : on peut en rechercher l'origine assez loin auparavant et voir, par exemple, si le mouvement de la population, étudié par la comparaison entre les recensements de 1896 et 1911, et l'accroissement des logements pendant la même période ont été parallèles et proportionnés (1).

(1) Nous avons puisé les éléments de notre étude dans les statistiques des logements à Paris et dans les communes de la Seine, statistiques basées sur le recensement de 1911 et publiées en 1912 et 1918, dans le *Recueil de statistique de la Ville de Paris et du département de la Seine.*

Il importe de remarquer avant tout qu'une étude fondée sur des statistiques ne peut donner qu'une idée générale du problème étudié en matière de logement; elle permet seulement de se rendre compte si les logements sont assez vastes; on admet (*Recueil de Statistique municipale, Statistique des Logements à Paris*, 1912) comme insuffisants les logements comprenant moins d'une pièce par personne, sans que cette appréciation puisse porter en même temps sur les autres caractères défectueux et insalubres de l'habitation. On considère comme nécessaire qu'il y ait au moins une pièce par personne dans le logement occupé, et c'est cette dimension que nous avons prise comme base de nos appréciations.

Une statistique générale, englobant l'ensemble du département, donc Paris et la banlieue, montre que le nombre des ménages a augmenté, assez peu il est vrai (16 p. 100), dans la période considérée, et que le nombre des logements s'est encore moins accru (12 p. 100).

Si l'on, compare ensuite le nombre des ménages ayant même composition en 1896 et 1911, on constate une diminution sensible des ménages d'une seule personne (12 p. 100), une beaucoup plus forte des logements d'une pièce (30 p. 100); au contraire, tandis que les familles les plus nombreuses: 6 personnes et au-dessus, n'ont que fort peu augmenté (9 p. 100), les logements de 6 pièces au moins se sont multipliés (42 p. 100 d'augmentation). Ce sont là des faits très généraux, que nous retrouverons pour la plupart, plus ou moins marqués, dans une étude plus détaillée.

Si l'on considère les familles de 2, 3, 4, 5 personnes, on constate que leur nombre a augmenté, surtout pour celles de 3 et 4 personnes (35 et 30 p. 100), mais que, toujours, l'augmentation des logements a été plus importante que celle des familles correspondantes (logements de 3 pièces 38 p. 100, de 4 pièces 47 p. 100). Ceci nous suggère donc l'idée que, dans la construction des logements, il a rarement été tenu compte des besoins réels de la population; il y a eu une tendance générale à faire bâtir de grands appartements susceptibles de fournir un rapport supérieur.

Les conditions sont assez différentes dans la banlieue considérée isolément; tandis que, dans Paris même, la population a déjà atteint un certain degré de stabilité, elle a été, au contraire, constamment en mouvement en banlieue dans cette période, et la croissance de certaines communes a été extrêmement rapide, sans atteindre cependant la rapidité de développement de certaines communes londoniennes de l'Outer Ring et du Greater London; en 10 ans, à la même époque, la population de certains districts du Middlesex (Ashton, Edmonton) a doublé; East Ham, dans l'Essex, est passé de 32.000 à 96.000 habitants. Cet exode vers la périphérie est donc un fait général; malheureusement tandis qu'il s'accentuait dans l'agglomération parisienne au fur et à mesure de l'installation de nombreuses industries au delà des fortifications, le nombre des logements n'augmentait pas dans les proportions voulues. En comparant Paris à la banlieue, on est tout de suite frappé par l'immense supériorité de l'accroissement de la population en banlieue (56 p. 100) sur celui qui a eu lieu à Paris (6 p. 100).

Dans le détail de composition des ménages, des différences frappantes apparaissent aussi: le nombre des ménages d'une seule personne s'est accru sensiblement en banlieue (22 p. 100), tandis qu'à Paris il diminuait au contraire (18 p. 100); l'augmentation la plus forte porte, comme à Paris, sur les familles de 3 et 4 personnes (74 et 71 p. 100); mais les familles de 6 personnes ont augmenté (38 p. 100) au lieu de diminuer comme à Paris; on s'explique aisément du reste que les familles nombreuses aient recherché hors de Paris des conditions de vie plus faciles et plus saines pour leurs enfants.

L'accroissement des logements correspond-il au mouvement de la population? Dans l'ensemble, il lui est un peu inférieur (47 p. 100 contre 56 p. 100), comme à Paris (3 p. 100, contre une augmentation de population de 6 p. 100); dans le détail, on ne remarque pas que le développement des habitations ait suivi les besoins des ménages: les logements d'une pièce, par exemple, sont moins nombreux qu'autrefois (9 p. 100 de diminution), malgré l'afflux d'habitants isolés, probablement attirés par les usines. Pour les autres catégories de logements, le fait général déjà constaté, que seuls les logements très vastes (4, 5 et 6 pièces) ont augmenté plus que les catégories de ménages correspondantes est vrai en banlieue comme à Paris, mais la disproportion est moins forte en banlieue; par exemple, le nombre des logements de 6 pièces a augmenté de 38 p. 100 contre 68 p. 100 pour les familles de 6 personnes — à Paris, l'augmentation de 31 p. 100 pour les mêmes logements correspond à une diminution des familles de 3 p. 100. L'accroissement des logements de 2 et 3 pièces (33 et 73 p. 100) en banlieue reste inférieur à celui des familles de 2 et 3 personnes (63 et 74 p. 100); celui des logements de 4 pièces atteint la proportion maxima: 89 p. 100.

Les caractères de l'évolution de la population et des logements varient un peu si l'on considère dans le détail les divers arrondissements de Paris ou, dans la banlieue, les cantons. Il est possible de grouper ceux où ces caractères sont communs. Dans Paris, les arrondissements du centre présentent de grandes ressemblances, et on peut les réunir du 1ᵉʳ jusqu'au 11ᵉ inclus. Dans tous, la population a notablement diminué ou est restée stationnaire, ce dernier cas ne se rencontrant que dans le 11ᵉ et le 7ᵉ. La diminution est particulièrement forte dans le 1ᵉʳ et le 2ᵉ (23 p. 100), où elle est de plus, fait remarquable, exactement égale à celle des logements.

Cette diminution de la population dans le centre de Paris est assurément une manifestation de la tendance, commune à toutes les grandes villes, à la spécialisation des quartiers et à la concentration des affaires dans le centre. Le 1ᵉʳ et le 2ᵉ arrondissements renferment surtout des immeubles utilisés pour le commerce: soit des grands magasins, qui n'ont cessé de s'agrandir aux dépens des maisons d'habitation voisines; ou bien, tout autour des Halles, des maisons qui n'ont pas été construites spécialement à cet effet sont peu à peu envahies par des maisons d'affaires. En conséquence, il s'est produit un exode très caractérisé de la population, exode qui porte sur toutes les catégories. mais est particulièrement marqué pour les ménages d'une personne (diminution de 40 p. 100 dans le 1ᵉʳ et 37 p. 100 dans le 2ᵉ arrondissement) et ensuite sur ceux de 6 personnes (— 29 p. 100 dans le 1ᵉʳ, — 40 p. 100 dans le 2ᵉ). Ces caractères se retrouvent du reste dans les autres arrondissements du centre, quoique un peu moins forts en général; c'est ainsi que la diminution des ménages d'une personne atteint — 25 p. 100 dans le 3ᵉ, — 36 p. 100 dans le 4ᵉ, — 34 p. 100 dans le 5ᵉ, — 33 p. 100 dans le 6ᵉ, — 16 p. 100 dans le 7ᵉ et le 8ᵉ, — 20 p. 100 dans le 9ᵉ et le 10ᵉ, — 18 p. 100 dans le 11ᵉ.

Les ménages de 6 personnes ont tous également diminué de nombre dans les autres arrondissements, sauf dans le 8ᵉ, où ils accusent une très légère augmentation (+ 4 p. 100). La diminution est pourtant partout beaucoup moins forte

que dans les deux premiers arrondissements; elle est de:
9 p. 100 dans le 3ᵉ; 11 p. 100 dans le 4ᵉ; 7 p. 100 dans
le 5ᵉ; 8 p. 100 dans le 6ᵉ; 3 p. 100 dans le 7ᵉ; 14 p. 100 dans
le 9ᵉ et le 10ᵉ; 15 p. 100 dans le 11ᵉ.

Si nous comparons maintenant les changements survenus dans la situation des logements entre 1896 et 1911, une
constatation s'impose tout d'abord: dans les 11 premiers
arrondissements, une diminution importante des logements
d'une seule pièce s'est manifestée: dans les six premiers la
proportion oscille entre 40 et 44 p. 100; elle est moins forte
dans les autres:
21 p. 100 dans le 7ᵉ; 32 p. 100 dans le 8ᵉ et le 9ᵉ; 25 p. 100
dans le 10ᵉ; 34 p. 100 dans le 11ᵉ.

Les variations du nombre de logements de 6 pièces ne
peuvent pas se résumer en une loi aussi générale; le fait
le plus net est qu'elles ne s'expliquent nulle part par l'accroissement ou la diminution des ménages correspondants.
Le plus souvent, l'accroissement des logements est supérieur à celui des ménages, et la diminution inférieure.

Ainsi, dans le 1ᵉʳ arrondissement, le nombre de ces logements a diminué de — 10 p. 100 (ménages — 29 p. 100);
dans le 2ᵉ, de — 6 p. 100 (ménages — 40 p. 100); une augmentation s'est produite au contraire dans le 3ᵉ, + 20 p. 100
(ménages — 9 p. 100); 4ᵉ, + 16 p. 100 (ménages — 11
p. 100); 5ᵉ, + 22 p. 100 (ménages — 7 p. 100); 6ᵉ, + 10
p. 100 (ménages — 8 p. 100); 9ᵉ et 10ᵉ, + 14 p. 100 (ménages — 14 p. 100); 11ᵉ, + 31 p. 100 (ménages — 15 p. 100);
leur nombre n'a que fort peu varié dans le 7ᵉ, — 7 p. 100
(ménages — 3 p. 100) et le 8ᵉ, + 3 p. 100 (ménages — 3
p. 100).

Pour les catégories de familles intermédiaires comme
nombre de personnes nous pouvons noter que, à part le
1ᵉʳ et le 2ᵉ, où la diminution de population est absolument
générale, le plus souvent les familles de 3 et 4 personnes
sont celles dont le nombre a le plus augmenté, quoique
dans une proportion encore très faible: dans les 10 premiers
arrondissements, elle varie entre 1 et 12 p. 100; dans le 11ᵉ,
elle atteint 20 p. 100 pour les familles de 3 personnes, 14
p. 100 pour celles de 4.

Le nombre des ménages de 5 personnes a presque partout légèrement diminué ou augmenté moins encore: on
peut considérer cette catégorie comme sensiblement stationnaire. Celle des ménages de 2 personnes a subi aussi une

légère diminution presque partout, sauf dans le 5ᵉ et le 7ᵉ où elle a augmenté de 10 p. 100 et de 12 p. 100, et le 10ᵉ et le 11ᵉ. dans lesquels l'augmentation a été de 9 p. 100.

Pour les catégories correspondantes de logements, l'évolution a été sensiblement parallèle à celle de la population, en ce sens que, à peu près dans tous les arrondissements considérés, ce sont les logements de 3 et 4 pièces dont le nombre s'est le plus multiplié, dans des proportions toujours supérieures à l'accroissement des ménages correspondants, — proportions très faibles dans les 2 premiers arrondissements, atteignant leur maximum (30 et 33 p. 100) dans le 3ᵉ arrondissement. On peut noter aussi que dans le 5ᵉ et le 7ᵉ, où exceptionnellement le pourcentage de l'augmentation des ménages de 2 personnes atteint 10 et 12 p. 100, l'augmentation des logements de deux pièces atteint aussi une proportion très supérieure à la moyenne (25 et 21 p. 100); il semble qu'il y ait là un fait, assez rare, de tentative d'adaptation des logements aux besoins de la population.

Les neuf arrondissements qui restent à étudier appartiennent tous à la périphérie de Paris; ce sont des quartiers où la population se porte de plus en plus, à mesure qu'elle quitte le centre. Aussi, dans presque tous les arrondissements, la population a-t-elle sans cesse augmenté. Le pourcentage de ces augmentations globales atteint:

26 p. 100 dans le 12ᵉ; 18 p. 100 dans le 13ᵉ; 30 p. 100 dans le 14ᵉ; 36 p. 100 dans le 15ᵉ; 42 p. 100 dans le 16ᵉ; 9 p. 100 dans le 17ᵉ; 14 p. 100 dans le 18ᵉ; 7 p. 100 dans le 19ᵉ; 15 p. 100 dans le 20ᵉ.

L'augmentation du nombre des logements a été assez forte aussi, bien qu'un peu inférieure le plus souvent à celle de la population:

25 p. 100 dans le 12ᵉ; 18 p. 100 dans le 13ᵉ; 27 p. 100 dans le 14ᵉ; 34 p. 100 dans le 15ᵉ; 31 p. 100 dans le 16ᵉ; 5 p. 100 dans le 17ᵉ; 12 p. 100 dans le 18ᵉ; 7 p. 100 dans le 19ᵉ; 14 p. 100 dans le 20ᵉ.

Il y a donc là une différence très sensible avec les arrondissements du centre: on a beaucoup construit, vers le début du XXᵉ siècle dans les quartiers les plus proches des fortifications, où il restait quantité d'espaces libres; comme le terrain y était moins cher, la population s'est portée vers les habitations neuves et plus économiques, d'autant plus que la concentration des affaires dans le centre y rendait les

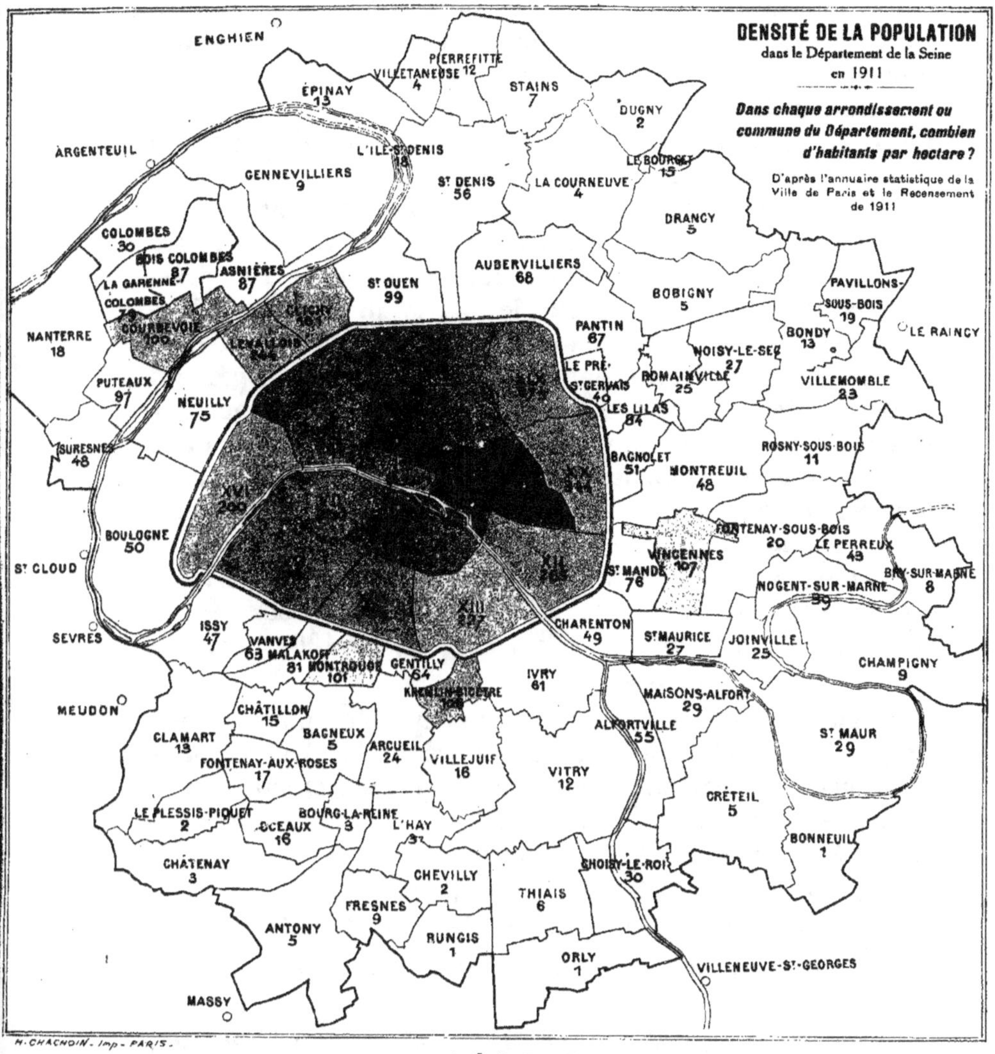

DENSITÉ DE LA POPULATION
dans le Département de la Seine
en 1911

Dans chaque arrondissement ou commune du Département, combien d'habitants par hectare ?

D'après l'annuaire statistique de la Ville de Paris et le Recensement de 1911

LÉGENDE

Les chiffres arabes noirs indiquent le nombre d'habitants par hectare recensés en 1911.

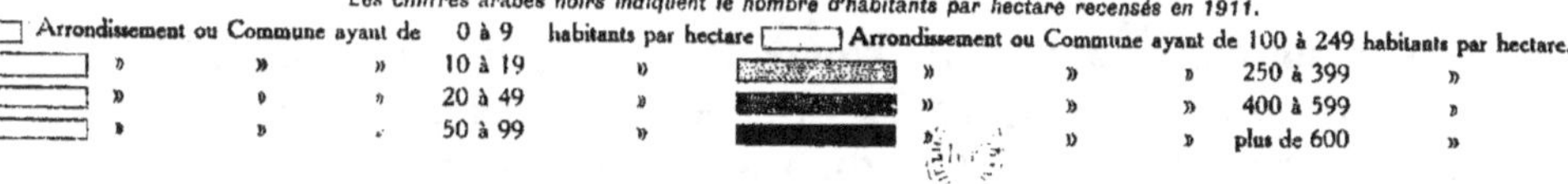

Arrondissement ou Commune ayant de		Arrondissement ou Commune ayant de
0 à 9 habitants par hectare	» » » 10 à 19	100 à 249 habitants par hectare
» » » 20 à 49	» » » 50 à 99	250 à 399 » » »
		400 à 599 » » »
		plus de 600 » » »

locaux d'habitation plus rares et plus chers. Il s'est produit un phénomène très complexe, avec action et réaction réciproque : l'afflux de la population a entraîné aussi la construction de nouvelles maisons; mais l'augmentation du nombre de logements, et surtout leur capacité, n'ont pas été proportionnées au mouvement de la population; nous avons vu que le pourcentage total reste généralement inférieur à l'accroissement de la population ; l'équilibre se trouve cependant complètement réalisé dans le 13ᵉ et le 19ᵉ, presque complètement dans le 12ᵉ, le 15ᵉ, le 18ᵉ et le 20ᵉ. Une disproportion beaucoup plus évidente existe dans le détail; les ménages d'une seule personne ont diminué en général ici comme dans le centre — à l'exception du 16ᵉ où leur nombre s'est accru de 20 p. 100 et du 14ᵉ (+ 4 p. 100); mais la diminution est beaucoup moins forte que dans le centre: elle varie entre — 14 et — 4 p. 100. La diminution du nombre des logements d'une seule pièce est inférieure comme chiffre absolu à celle des arrondissements centraux, mais plus disproportionnée avec celle des ménages correspondants: elle est minima dans le 16ᵉ (— 17 p. 100), maxima dans le 18ᵉ (— 47 p. 100).

Une autre différence est très remarquable: nous avions jusqu'ici constaté une diminution générale des familles nombreuses. Un certain nombre des arrondissements de la périphérie accusent au contraire une augmentation sensible des ménages de 6 personnes:

10 p. 100 dans le 12ᵉ; 25 p. 100 dans le 15ᵉ; 46 p. 100 dans le 16ᵉ ou très faible : 2 p. 100 dans le 14ᵉ et le 18ᵉ.

Il y a diminution, mais moins forte que dans le centre, dans le:

13ᵉ, — 6 p. 100; 18ᵉ, — 1 p. 100; 19ᵉ, — 7 p. 100; 20ᵉ, 12 p. 100.

Nous pouvons faire remarquer à ce propos que, malgré cette diminution, les quartiers de la périphérie, et surtout ceux du nord-est, de l'est et du sud restent ceux où la proportion de familles nombreuses atteint son maximum (1); il y a certainement lieu de tenir compte, dans un arrondissement élégant comme le 16ᵉ, du nombre des domestiques, comptés comme faisant partie des ménages, ce qui explique en partie l'accroissement très important constaté.

---

(1) Cf l'article de M. LUCIEN MARCH, *Distribution géographique des familles nombreuses à Paris, en 1911*, dans le n° 3 de la « Vie Urbaine ».

Le nombre des logements de 6 pièces s'est accru un peu partout très fortement, et est presque toujours hors de proportion avec l'augmentation des ménages correspondants. Le pourcentage de cet accroissement est de:

90 p. 100 dans le 12ᵉ; 44 p. 100 dans le 13ᵉ; 99 p. 100 dans le 14ᵉ; 112 p. 100 dans le 15ᵉ; 83 p. 100 dans le 16ᵉ; 37 p. 100 dans le 17ᵉ; 129 p. 100 dans le 18ᵉ; 40 p. 100 dans le 19ᵉ; 63 p. 100 dans le 20ᵉ.

Il semblerait donc à première vue que les conditions du logement ont dû s'améliorer très sensiblement, mais la comparaison entre le nombre absolu des ménages de 6 personnes et des logements de 6 pièces montre que les quartiers plus luxueux de l'ouest sont seuls à posséder de vastes logements en nombre plus que suffisant:

Le 16ᵉ a 3.094 logements pour 2.101 ménages;
Le 17ᵉ a 2.860 — — 1.964 —

Si nous faisons la même comparaison dans les autres arrondissements, qui sont plus pauvres et, pour la plupart, peuplés en majorité d'ouvriers, nous constatons que le nombre des logements vastes est encore très loin d'y suffire aux besoins. C'est ainsi que le 12ᵉ compte 984 logements pour 1.373 ménages,

le 13ᵉ, 506 logements pour 1.481 ménages ;
le 14ᵉ, 1.225 — — 1.377 — ;
le 15ᵉ, 1.440 — — 2.033 — ;
le 18ᵉ, 994 — — 2.400 — ;
le 19ᵉ, 567 — — 1.809 — ;
le 20ᵉ, 604 — — 1.905 — ;

chiffres presque tous très insuffisants. Il est du reste probable qu'une enquête détaillée faite sur place prouverait que la disproportion est encore plus grande que les chiffres ne l'accusent, et que bon nombre de ces grands logements sont occupés non par les familles les plus nombreuses, mais par les plus riches. Cette insuffisance du nombre absolu des logements les plus vastes est une des caractéristiques des quartiers de la périphérie; elle n'existe pas dans le centre, où leur nombre est toujours supérieur aux besoins.

Passons maintenant en revue les autres catégories de familles. Celles dont le nombre a le plus augmenté sont celles de 2 et 3 personnes, d'une façon à peu près générale:

**Evolutions comparées
du logement et de la population.**

	2 personnes	3 personnes
12° arrondissement	40 p. 100	43 p. 100
13° —	37 —	41 —
14° —	40 —	54 —
15° —	54 —	68 —
16° —	50 —	55 —
17° —	20 —	23 —
18° —	29 —	23 —
19° —	16 —	22 —
20° —	25 —	36 —

Le nombre des logements correspondants s'est accru sensiblement dans la même proportion:

	2 pièces	3 pièces
12° arrondissement	41 p. 100	44 p. 100
13° —	36 —	40 —
14° —	44 —	47 —
15° —	56 —	62 —
16° —	41 —	47 —
17° —	30 —	13 —
20° —	36 —	24 —

On voit que cette proportion n'est inférieure à l'augmentation des ménages de 2 et 3 personnes que dans le 16°.

Dans le 18° et le 19°, la construction de tels logements a été très supérieure aux besoins, étant de 76 p. 100 et 52 p. 100 pour le 18°, de 23 et 37 p. 100 pour le 19°.

L'augmentation des ménages de 4 et 5 personnes est inversement proportionnelle à celle des logements correspondants; plus les familles sont nombreuses, moins elles augmentent, tandis que le nombre des logements s'accroît d'autant plus qu'ils comprennent plus de pièces. Aussi, dans ces catégories, la construction des logements a-t-elle toujours été plus abondante qu'il n'était nécessaire, sauf cependant dans le 17°, où l'on a beaucoup moins construit dans l'ensemble.

Voici, par exemple, la comparaison entre l'accroissement des ménages de 4 personnes et celui des logements de 4 pièces:

	Ménages	Logements
12° arrondissement	32 p. 100	64 p. 100
13° —	23 —	50 —
14° —	38 —	42 —

	Ménages		Logements	
15e arrondissement	52	—	79	—
16e —	45	—	61	—
17e —	19	—	8	—
18e —	24	—	64	—
19e —	13	—	22	—
20e —	20	—	29	—

L'écart est encore plus grand pour les ménages de 5 personnes et les logements de 5 pièces :

	Ménages		Logements	
12e arrondissement	18 p. 100		94 p. 100	
13e —	7	—	70	—
14e —	24	—	80	—
15e —	31	—	95	—
16e —	49	—	60	—
17e —	5	—	22	—
18e —	10	—	118	—
19e —	3	—	26	—
20e —	4	—	+ 71	—

On ne peut se faire une idée exacte de la façon dont sont logés les Parisiens, façon qui, on vient de le voir, est loin d'être satisfaisante, sans étendre l'enquête à la banlieue, qui tend à faire de plus en plus étroitement partie de l'agglomération parisienne.

L'étude de la banlieue comporte beaucoup plus de difficultés que celle de Paris même. En effet, l'évolution démographique de Paris est arrivée à un stade plus avancé, elle s'est précisée, affirmée. Au contraire, une grande partie de la banlieue est encore en état d'instabilité complète, en voie de peuplement seulement, et il est très difficile de saisir les tendances du mouvement de la population. Mais ces communes qui viennent à peine de naître, telles que Bondy, Epinay ou la Garenne-Colombes, sont très proches d'autres, comme Courbevoie ou Pantin, qui comptaient déjà dans l'agglomération parisienne en 1866 (1).

La banlieue ne présente pas non plus de caractères d'ensemble : des localités presque exclusivement industrielles surpeuplées et aux logements plutôt misérables comme

(1) Cf Louis Bonnier, *La population de Paris en mouvement* (« Vie Urbaine », 1919, n° 1-2).

Puteaux, sont contiguës à des communes luxueuses et peuplées de gens riches, qui y recherchent des habitations plus vastes et plus aérées: Neuilly par exemple. Enfin, une autre difficulté provient du choix de l'unité administrative qui correspond sensiblement à l'arrondissement dans Paris; la commune est trop petite, le canton convient mieux par l'importance de sa population. Mais on sait combien les divisions administratives sont souvent arbitraires. Le canton groupe, dans le département de la Seine, des éléments très hétérogènes: ainsi celui d'Aubervilliers englobe des communes comme celle d'Aubervilliers, où la densité atteint 68 habitants à l'hectare, et où l'accroissement de la population de 1896 à 1911 a été de 33 p. 100, et la commune de Dugny, par exemple, où la densité n'est que de 2 à l'hectare, et l'accroissement de la population de 3 p. 100.

On voit quelle est la complexité de la question et combien l'on est embarrassé pour trouver un principe de classement. Il a semblé que, en l'absence d'un principe plus satisfaisant convenant à l'ensemble des cantons, on pouvait, dans cette étude qui a des statistiques pour point de départ, considérer comme base de classification la moyenne de l'accroissement de la population dans les deux arrondissements du département (St-Denis et Sceaux), soit 56 p. 100.

Etudions d'abord les cantons , où l'accroissement est supérieur à cette moyenne. Sur un total de 22, huit cantons seulement se rattachent à cette catégorie; voici l'indication des augmentaticns de population qu'on y constate :

Colombes, 188 p. 100; Noisy-le-Sec, 108 p. 100; Asnières, 83 p. 100; Nogent-sur-Marne, 82 p. 100; Courbevoie, 81 p. 100; Puteaux, 76 p. 100; Vanves, 69 p. 100; St-Maur-des-Fossés, 59 p. 100.

Nous pouvons remarquer que ces cantons sont, à l'exception de celui de Vanves — qui appartient à la banlieue Sud et est proche de Paris — situés à l'Est ou à l'Ouest, et, vers la périphérie. Ce n'est pas un hasard: en effet, la région la plus proche de Paris est celle qui s'est peuplée la première, donc surtout antérieurement à la période qui nous occupe; l'afflux de la population fuyant le Paris surpeuplé et particulièrement le centre, s'est porté de préférence, ensuite, vers les localités plus éloignées, où il restait plus de place — phénomène analogue à celui qui s'est produit dans Paris même. Ce sont donc les parties limitrophes de la Seine-et-Oise qui ont subi les modifications de population les plus sensibles. Car cette augmentation est beaucoup plus forte pour certaines communes particulièrement récentes que le chiffre global du canton ne le laisserait supposer; tel est le cas de:

Drancy, 316 p. 100; Bondy, 196 p. 100; Colombes, 132 p. 100; Bobigny, 129 p. 100; Romainville, 127 p. 100.

Il est vrai, du reste, que plusieurs de ces communes (Drancy, Bobigny) ne comptaient guère en 1896.

Une évolution parallèle à celle de la population devait forcément se produire pour les logements. En cherchant à l'évaluer, nous pouvons constater que le pourcentage de l'augmentation du nombre des logements approche, dans la plupart des cantons considérés, de celui de l'augmentation de population, tout en lui restant presque toujours un peu inférieur:

Colombes, 106 p. 100; Noisy-le-Sec, 104 p. 100; Asnières. 77 p. 100; Nogent-sur-Marne, 57 p. 100; Courbevoie, 82 p. 100; Puteaux, 62 p. 100; Vanves, 45 p. 100; St-Maur-des-Fossés, 39 p. 100.

Examinons maintenant dans le détail le mouvement de la population dans le groupe de cantons considéré en premier lieu. Un fait frappe tout d'abord: l'énorme accroissement du nombre des ménages d'une personne, ménages qui diminuaient au contraire beaucoup de Paris. Il est probable que ces isolés ont été attirés là surtout par les usines: ce sont des ouvriers qui peuplent par exemple Drancy, où l'accroissement de tels ménages est de 325 p. 100, Bondy, où il est de 141 p. 100, Gennevilliers (96 p. 100); Colombes (112 p. 100) est plutôt recherché par de petits employés qui y trouvent de meilleures conditions d'installation. L'accroissement des ménages d'une personne, quoique toujours fort, est du reste très variable suivant les cantons:

Nogent-sur-Marne, 84 p. 100; Noisy-le-Sec, 68 p. 100; Colombes, 67 p. 100; Asnières, 61 p. 100; Courbevoie, 35 p. 100; St-Maur-des-Fossés, 26 p. 100; Vanves, 22 p. 100; Puteaux, 21 p. 100.

Les variations du nombre des logements d'une pièce ne correspondent pas nettement à celles des ménages correspondants:

Nogent-sur-Marne, 17 p. 100; Noisy-le-Sec, 40 p. 100; Colombes, 53 p. 100; Asnières, 33 p. 100; Courbevoie, 7 p. 100; St-Maur-des-Fossés, — 35 p. 100; Vanves, — 37 p. 100; Puteaux, — 7 p. 100.

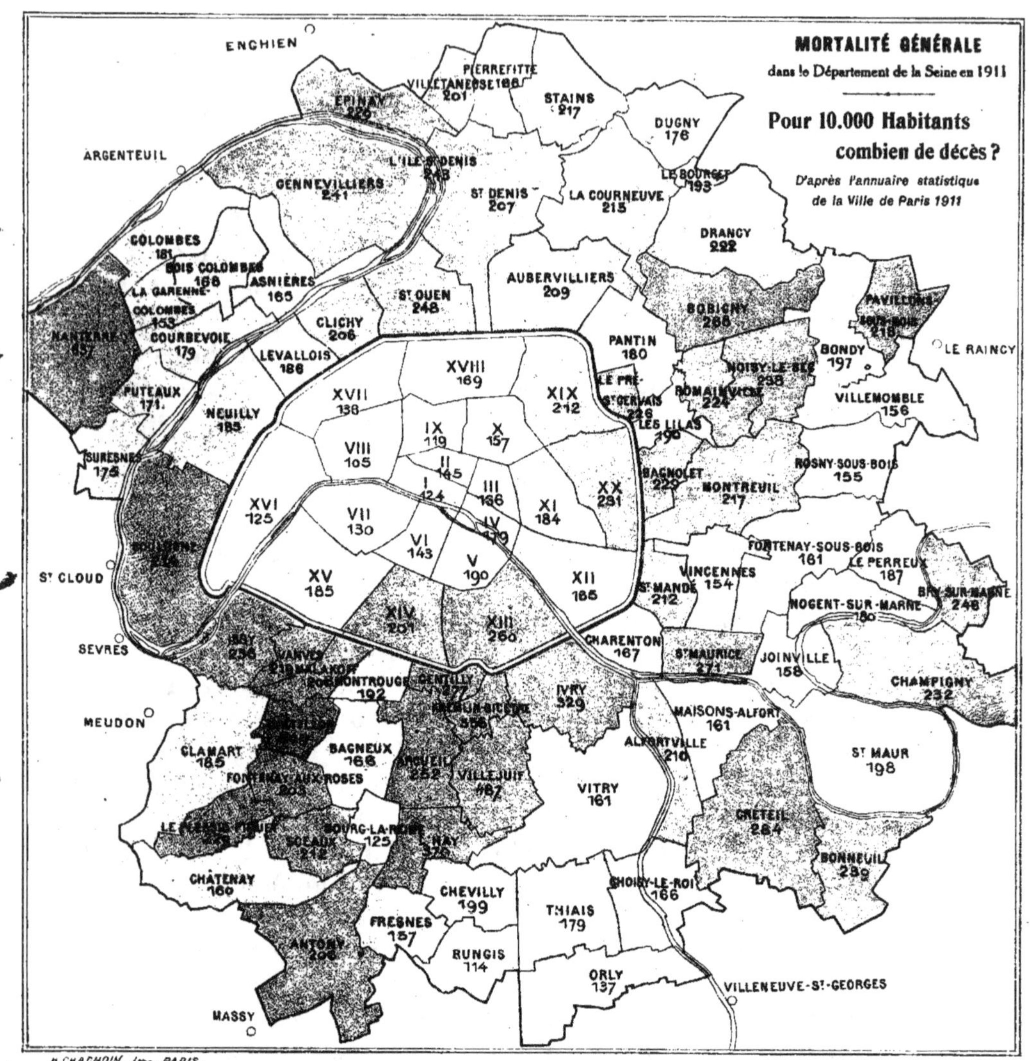

LÉGENDE

Les chiffres arabes noirs indiquent le nombre de décès pour 10.000 habitants en 1911

	Arrondissement ou Commune ayant de	0 à 149 décès pour 10.000 habitants.		
	»	»	»	150 à 199 » » »
	»	»	»	200 à 249 » » »
	»	»	»	plus de 250 » » »

NOTE. — Il y a lieu de remarquer, en ce qui concerne les communes de Châtillon, Fresnes, Ivry, Kremlin-Bicêtre et Villejuif que les nombres indiqués comprennent les décès survenus dans certains établissements hospitaliers et prisons.

On peut remarquer cependant que, dans la majorité des cas, ces logements se sont multipliés dans les cantons où le nombre des célibataires s'accroissait le plus; et ont diminué là où cet accroissement était moindre, sans qu'il y eut cependant proportionnalité. Nogent-sur-Marne fait exception; c'est que les logements y sont plutôt des habitations d'agrément, de villégiature même souvent, qui comprennent plus d'une pièce.

Bien plus fort encore est l'accroissement des ménages de 6 personnes; les familles nombreuses ont en effet recherché tout particulièrement les habitations en banlieue, où il est beaucoup plus facile d'élever les enfants, et l'accroissement qui s'est produit dans les divers cantons considérés est très supérieur à celui que nous avons constaté dans la périphérie de Paris. Le pourcentage de cette augmentation atteint en effet:

à Asnières, 59 p. 100; Colombes, 53 p. 100; Courbevoie, 71 p. 100; Noisy-le-Sec, 99 p. 100; Puteaux, 19 p. 100; Nogent-sur-Marne, 70 p. 100; St-Maur, 56 p. 100; Vanves, 56 p. 100.

On voit tout de suite que cette augmentation est maxima dans le canton le plus récemment peuplé: Noisy-le-Sec (particulièrement dans la commune de Drancy, 42 p. 100) et par suite ayant tous les caractères distinctifs de la banlieue; elle est minima au contraire à Puteaux qui, de tous les cantons, est le plus anciennement rattaché à l'agglomération parisienne, si l'on prend pour base la densité de sa population, et présente en conséquence plutôt les caractères de Paris.

L'accroissement des logements de 6 pièces a-t-il été proportionnel à celui des ménages? A une exception près (à Puteaux) son pourcentage est supérieur à celui de l'augmentation de population:

Asnières, 67 p. 100; Colombes, 102 p. 100; Courbevoie, 103 p. 100; Noisy-le-Sec, 117 p. 100; Puteaux, — 6 p. 100; Nogent-sur-Marne, 141 p. 100; St-Maur, 76 p. 100; Vanves, 114 p . 100.

Cet accroissement, quoique dépassant notablement celui qui s'est produit dans certains quartiers de Paris, n'a pas la même importance relative, par rapport à celui des ménages correspondants: le nombre des logements très vastes n'est pas sensiblement supérieur aux besoins; il y a donc en banlieue une tendance à une meilleure organisation dans la construction des logements. Ce ne sont pas, comme à Paris, les logements de 6 pièces qui ont subi la plus forte augmentation, pas plus que les familles de 6 personnes, mais les logements moyens; dans le canton de Nogent-sur-Marne seulement, l'augmentation maxima porte sur les logements de 6 pièces.

Les catégories de familles comprises entre les deux extrêmes que nous avons déjà étudiées sont celles qui ont le plus augmenté, surtout celles de 3 et 4 personnes.

Partout l'augmentation des ménages de 2 personnes a été très supérieure à celle des ménages d'une seule personne, et inférieure à celle des familles de 3 et 4 personnes. Seul fait exception à ce dernier cas le canton de Nogent-sur-Marne. Voici le pourcentage de ces augmentations, qui est toujours beaucoup plus fort qu'à Paris:

Asnières, 78 p. 100; Colombes, 96 p. 100; Courbevoie, 83 p. 100; Noisy-le-Sec, 117 p. 100; Puteaux, 86 p. 100; Nogent-sur-Marne, 111 p. 100; St-Maur, 67 p. 100; Vanves, 68 p. 100.

Le nombre des logements correspondants ne s'est pas accru à beaucoup près dans les mêmes proportions, bien qu'on ait construit beaucoup plus de logements de deux pièces, que d'une seule.

L'accroissement se chiffre comme suit:

Asnières, 50 p. 100; Colombes, 80 p. 100; Courbevoie, 93 p. 100; Noisy-le-Sec, 72 p. 100; Puteaux, 65 p. 100; Nogent-sur-Marne, 59 p. 100; St-Maur, 13 p. 100; Vanves, 32 p. 100.

Ce n'est qu'exceptionnellement, à Courbevoie, qu'il est supérieur à celui de la population.

Le pourcentage de l'augmentation des ménages de 3 personnes est partout beaucoup plus fort (sauf à Nogent); c'est un fait commun à Paris et à la banlieue que cet accroissement maximum portant sur les familles moyennes (3 et 4 personnes).

Pour 3 personnes, le pourcentage de l'augmentation est de :

Asnières, 102 p. 100; Colombes, 131 p. 100; Courbevoie, 104 p. 100; Noisy-le-Sec, 121 p. 100; Puteaux, 91 p. 100; Nogent-sur-Marne, 72 p. 100 ; Saint-Maur, 72 p. 100 ; Vanves, 89 p. 100.

Celui de l'augmentation du nombre des logements de 3 pièces n'en est pas très différent:

Asnières, 116 p. 100; Colombes, 136 p. 100; Courbevoie,

95 p. 100; Noisy-le-Sec, 127 p. 100; Puteaux, 119 p. 100; Nogent-sur-Marne, 52 p. 100; St-Maur, 47 p. 100; Vanves, 53 p. 100.

On peut remarquer qu'il n'est égal ou supérieur aux besoins que dans quelques cantons : Asnières, Colombes, Noisy-le-Sec et Puteaux.

L'augmentation du nombre des ménages de 4 personnes est généralement plus considérable encore: c'est dans la plupart des cantons la plus forte de toutes:

Asnières, 108 p. 100; Colombes, 155 p. 100; Courbevoie, 113 p. 100; Noisy-le-Sec, 119 p. 100; Puteaux, 153 p. 100; Nogent-sur-Marne, 81 p. 100; St-Maur, 65 p. 100; Vanves, 111 p. 100.

Il en est de même à peu près pour les logements correspondants :

Asnières, 104 p. 100; Colombes, 145 p. 100; Courbevoie, 115 p. 100; Noisy-le-Sec, 133 p. 100; Puteaux, 133 p. 100; Nogent-sur-Marne, 62 p. 100; St-Maur, 75 p. 100; Vanves, 122 p. 100.

Dans 4 cantons (Courbevoie, Noisy-le-Sec, St-Maur, Vanves) seulement, la construction des logements de 4 pièces a été plus abondante que l'augmentation des ménages de 4 personnes. On peut remarquer la disproportion qui existe entre l'accroissement des diverses catégories de logements à Puteaux; notamment entre ceux de 1 ou 6 pièces, dont le nombre a diminué, et l'accroissement de ceux de 4 pièces. Il s'est produit une véritable spécialisation de ce canton pour les logements moyens.

L'accroissement des ménages de 5 personnes a été en général plus lent et moins caractérisé; son importance est comparable plutôt à celle de l'accroissement des ménages de 2 personnes. Il est de :

Asnières, 74 p. 100; Colombes, 116 p. 100; Courbevoie, 87 p. 100; Noisy-le-Sec, 100 p. 100; Puteaux 110 p. 100; Nogent-sur-Marne, 49 p. 100; St-Maur, 62 p. 100; Vanves, 72 p. 100.

L'augmentation du nombre des logements de 5 pièces ne montre de proportionnalité avec le mouvement de la population que dans quelques cantons, comme Asnières, Colombes ou St-Maur-des-Fossés; dans quelques autres (Courbevoie, Nogent-sur-Marne, Vanves) elle est très supérieure; inférieure au contraire à Noisy-le-Sec et Puteaux, comme le tableau suivant permettra d'en juger. Augmentation du nombre des logements de 5 pièces:

Asnières, 76 p. 100; Colombes, 106 p. 100; Courbevoie, 119 p. 100; Noisy-le-Sec, 98 p. 100; Puteaux, — 1 p. 100; Nogent-sur-Marne, 98 p. 100; St-Maur. 59 p. 100; Vanves, 127 p. 100.

En résumé, on constate plus de tendance à l'adaptation de la construction des logements aux besoins de la population en banlieue qu'à Paris, de meilleurs symptômes se manifestent, mais il s'en faut encore de beaucoup que la situation soit satisfaisante.

Les cantons qui nous restent à étudier sont, comme nous l'avons dit, ceux où l'augmentation de la population a été inférieure à la moyenne de cette augmentation dans le département; ce sont par conséquent, ceux qui se rapprochent le plus, à ce point de vue, de Paris et, surtout, des arrondissements de la périphérie. C'est un fait qui n'a rien d'étonnant, si l'on songe que ces cantons sont les plus rapprochés de Paris (pas un seul qui ne soit contigu aux fortifications) et par suite les plus anciennement peuplés. Voici du reste quel y a été le pourcentage de cette augmentation:

Ivry, 56 p. 100; Pantin, 56 p. 100; Villejuif, 56 p. 100; Sceaux, 52 p. 100; Vincennes, 52 p. 100; Levallois-Perret, 48 p. 100; Boulogne, 46 p. 100; Montreuil, 46 p. 100; Charenton, 42 p. 100; St-Ouen, 42 p. 100; Clichy, 40 p. 100; Aubervilliers, 39 p. 100; Neuilly, 31 p. 100; St-Denis, 25 p. 100.

Les cantons où la densité de la population est la plus forte sont, de façon générale, ceux où la population a le moins augmenté: Clichy, Neuilly, St-Ouen, Aubervilliers, St-Denis, ont tous les caractères des grandes villes, où malheureusement la population n'est jamais en voie de croissance rapide; lorsqu'on passe du 16° arrondissement à Neuilly, ou du 18° à St-Denis et St-Ouen, aucune différence ne frappe. Pantin fait exception dans l'ensemble de ces cantons, et sa population s'est beaucoup accrue; ceci s'explique par le fait que Pantin, le Pré-St-Gervais, Bagnolet, Les Lilas, sont des communes de formation beaucoup plus récentes que Neuilly ou St-Denis.

En général, l'augmentation est plus forte dans les cantons ayant conservé un caractère plutôt rural, comme Sceaux ou même Vincennes.

L'augmentation du nombre des logements ayant suivi à peu près celle de la population, tout en lui restant souvent un peu inférieure, a naturellement été moins forte que dans le premier groupe de cantons considéré:

Ivry, 42 p. 100; Pantin, 49 p. 100; Villejuif, 51 p. 100; Sceaux, 44 p. 100; Vincennes, 43 p. 100; Levallois-Perret, 53 p. 100; Boulogne, 47 p. 100; Montreuil, 46 p. 100; Charenton, 35 p. 100; St-Ouen, 24 p. 100; Clichy, 31 p. 100; Aubervilliers, 25 p. 100; Neuilly, 26 p. 100; St-Denis, 23 p. 100.

Cette augmentation n'est égale à celle de la population que dans le canton de Montreuil; partout ailleurs, elle a été inférieure aux besoins. La disproportion est très sensible par exemple à Aubervilliers, St-Ouen, Ivry, Vincennes.

Dans le détail du mouvement de la population, on remarque tout d'abord, si l'on considère les ménages d'une seule personne, que leur augmentation n'est pas générale dans tous les cantons; leur nombre a même souvent diminué, par exemple à:

Neuilly, 2 p. 100; St-Denis, 16 p. 100; Ivry, 4 p. 100; Montreuil, 1 p. 100; Villejuif, 1 p. 100.

Dans d'autres cantons, on enregistre au contraire une augmentation, parfois assez forte:

Levallois-Perret, 51 p. 100; St-Ouen, 34 p. 100; Pantin, 25 p. 100; Aubervilliers, 21 p. 100; Clichy, 31 p. 100; Boulogne, 17 p. 100; Charenton, 17 p. 100; Vincennes, 13 p. 100; Sceaux, 10 p. 100.

Sauf pour Levallois-Perret, St-Ouen et Pantin, cette augmentation reste cependant inférieure à celle qui s'est produite dans le premier groupe de cantons considéré.

Il n'y a, dans l'ensemble, aucune proportionnalité entre cette augmentation et l'accroissement des logements d'une pièce:

Neuilly, — 8 p. 100; St-Denis — 40 p. 100; Ivry, — 25 p. 100; Montreuil, — 27 p. 100; Villejuif, — 23 p. 100; Levallois-Perret, + 38 p. 100; St-Ouen, — 25 p. 100; Pantin, — 3 p. 100; Aubervilliers, — 18 p. 100; Clichy, — 10 p. 100; Boulogne, — 5 p. 100; Charenton, — 21 p. 100; Vincennes, — 15 p. 100; Sceaux, — 23 p. 100.

Comme on le voit, la diminution est générale, sauf — et il importe de le remarquer car c'est aussi la localité où l'accroissement des ménages correspondants atteint son maximum — à Levallois-Perret.

On constate, comme pour les ménages d'une seule personne, si l'on considère maintenant ceux de 6 personnes, une grande différence avec le premier groupe de cantons, où leur nombre augmentait énormément. Cette augmentation est toujours beaucoup moins forte dans les cantons que nous considérons, parfois insignifiante — à St-Ouen leur nombre diminue même — c'est un trait commun avec Paris :

Ivry, 52 p. 100; Pantin, 43 p. 100; Villejuif, 61 p. 100; Sceaux, 38 p. 100; Vincennes, 32 p. 100; Levallois-Perret, 8 p. 100; Boulogne, 25 p. 100; Montreuil, 45 p. 100; Charenton, 40 p. 100; St-Ouen, — 1 p. 100; Clichy, 5 p. 100; Aubervilliers, 32 p. 100; Neuilly, 24 p. 100; St-Denis, 4 p. 100.

Le nombre des logements de 6 pièces s'est accru en même temps dans des proportions en général plus que suffisantes:

Ivry, 48 p. 100; Pantin, 49 p. 100; Villejuif, 42 p. 100; Sceaux, 84 p. 100; Vincennes, 80 p. 100; Levallois-Perret, 57 p. 100; Boulogne, 39 p. 100; Montreuil, 61 p. 100; Charenton, 59 p. 100; St-Ouen, 64 p. 100; Clichy, 70 p. 100; Aubervilliers, 24 p. 100; Neuilly, 57 p. 100; St-Denis, 60 p. 100.

Cet accroissement est insuffisant à Ivry, Villejuif, Aubervilliers. Il est le plus souvent un peu supérieur à celui des ménages correspondants, mais parfois tellement supérieur qu'il est hors de proportion avec les besoins, comme dans Paris. La disproportion est très frappante, par exemple, à St-Denis, Clichy, St-Ouen, Levallois-Perret; un peu moins à Vincennes et Sceaux.

Les catégories de ménages intermédiaires comme nombre de personnes ont augmenté dans des proportions plus fortes. L'accroissement du nombre des ménages de 2 personnes est loin d'être négligeable, et est sensiblement supérieur, en général, à celui des ménages de 6 personnes, comme le tableau suivant le montre:

Ivry, 71 p. 100; Pantin, 66 p. 100; Villejuif, 62 p. 100; Sceaux, 62 p. 100; Vincennes, 64 p. 100; Levallois-Perret, 54 p. 100; Boulogne, 52 p. 100; Montreuil, 47 p. 100; Charenton, 52 p. 100; Saint-Ouen, 46 p. 100; Clichy, 47 p. 100; Aubervilliers, 42 p. 100; Neuilly, 48 p. 100; Saint-Denis, 32 p. 100.

On voit que les différences entre les cantons sont beaucoup moins marquées que pour les catégories extrêmes (1 et 6 personnes). Ce n'est pas la catégorie qui a subi les plus fortes augmentations, sauf dans les cantons de Charenton et de Levallois-Perret; le maximum d'accroissement porte presque toujours sur les ménages de 3 personnes ;

ensuite viennent soit ceux de 2, soit ceux de 4 personnes.

Le pourcentage de l'augmentation des logements de 2 pièces n'est nullement en rapport avec celui de l'accroissement des ménages correspondants, mais toujours très inférieur:

Ivry, 18 p. 100; Pantin, 35 p. 100; Villejuif, 64 p. 100; Sceaux, 47 p. 100; Vincennes, 53 p. 100; Levallois-Perret, 35 p. 100; Boulogne, 25 p. 100; Montreuil, 29 p. 100; Charenton, 4 p. 100; St-Ouen, 23 p. 100; Clichy, 26 p. 100; Aubervilliers, 2 p. 100; Neuilly, 30 p. 100; St-Denis, 16 p. 100;

A Villejuif seulement, il est plus que suffisant.

Il n'y a pas un écart énorme entre l'accroissement des ménages de 2 et de 3 personnes, quoiqu'il soit toujours plus fort pour ces derniers. En effet, le pourcentage de l'augmentation des ménages de 3 personnes est le suivant:

Ivry, 85 p. 100; Pantin, 73 p. 100; Villejuif, 84 p. 100; Sceaux, 73 p. 100; Vincennes, 73 p. 100; Levallois-Perret, 46 p. 100; Boulogne, 69 p. 100; Montreuil, 62 p. 100; Charenton, 49 p . 100; St-Ouen, 59 p. 100; Clichy, 63 p. 100; Aubervilliers, 54 p. 100; Neuilly, 52 p. 100; St-Denis, 70 p. 100.

C'est un fait déjà constaté à la fois à Paris et dans les autres cantons de la banlieue que ce pourcentage maximum d'accroissement portant sur les ménages de 3 personnes — mais dans le deuxième groupe de cantons il est moins fort que dans le premier.

Le nombre des logements de 3 pièces s'est accru beaucoup plus que celui des logements de 2 pièces:

Ivry, 70 p. 100; Pantin, 80 p. 100; Villejuif, 75 p. 100; Sceaux, 46 p. 100; Vincennes, 45 p. 100; Levallois-Perret, 51 p. 100; Boulogne, 97 p. 100; Montreuil, 98 p. 100; Charenton, 51 p. 100; Saint-Ouen, 53 p. 100; Clichy, 58 p. 100; Aubervilliers, 91 p. 100 ; Neuilly, 41 p. 100 ; St-Denis, 76 p. 100.

Cependant, il reste un peu inférieur aux besoins dans les cantons de Clichy, Neuilly, St-Ouen, Ivry, Sceaux, Villejuif et Vincennes. Nous avons dit que la catégorie correspondante de ménages atteint le maximum d'augmentation presque partout; remarquons que l'augmentation maxima des logements ne porte que rarement sur ceux de 3 pièces (à Aubervilliers, Boulogne, Neuilly et Montreuil), ce qui est l'indice d'un manque d'adaptation aux besoins.

Le nombre des ménages de 4 pièces s'est accru dans des

proportions encore assez fortes, moins cependant que pour
la catégorie précédente:

Ivry, 68 p. 100; Pantin, 63 p. 100; Villejuif, 87 p. 100;
Sceaux, 68 p . 100; Vincennes, 63 p. 100; Levallois-Perret,
50 p. 100; Boulogne. 55 p. 100; Montreuil, 87 p. 100; Charenton, 50 p. 100; St-Ouen, 51 p. 100; Clichy, 46 p. 100; Aubervilliers, 42 p. 100; Neuilly, 40 p. 100; St-Denis, 26 p. 100.

Ces chiffres représentent le maximum d'accroissement
réalisé pour les cantons de Montreuil et de Villejuif; dans
les autres cette augmentation ne vient qu'au deuxième ou
troisième rang comme importance. Elle est très sensiblement plus forte, cependant, que celle que nous avions rele-
vée à Paris, pour les ménages comptant le même nombre de
personnes.

L'accroissement des logements de 4 pièces a été, presque
dans tous les cantons, supérieur aux besoins des ménages
correspondants:

Ivry, 102 p. 100; Pantin, 91 p. 100; Villejuif, 100 p. 100;
Sceaux, 64 p. 100; Vincennes, 63 p. 100; Levallois-Perret,
73 p. 100; Boulogne, 92 p. 100; Montreuil, 87 p. 100; Charenton, 80 p. 100; St-Ouen. 65 p. 100; Clichy, 85 p. 100; Aubervilliers, 55 p. 100; Neuilly, 34 p. 100; St-Denis, 94 p. 100.

Il n'est inférieur que dans les cantons de Neuilly et de
Sceaux, exactement égal dans ceux de Montreuil et de Vincennes. Ces chiffres surpassent encore sensiblement ceux
de Paris, mais l'écart est un peu moins sensible que pour
les catégories précédentes.

Les ménages de 5 personnes, comme partout, ont moins
augmenté que ceux de 3 et 4 personnes, et généralement
moins aussi que ceux de 2 personnes (sauf dans les centres
de Montreuil et de Villejuif); plus par contre que ceux de
6 personnes (sauf à Aubervilliers et Charenton). Voici quel
a été le pourcentage de leur augmentation:

Ivry, 52 p. 100; Pantin, 48 p. 100; Villejuif, 73 p. 100;
Sceaux, 53 p. 100; Vincennes, 59 p. 100; Levallois-Perret,
41 p. 100; Boulogne. 43 p. 100; Montreuil, 54 p. 100; Charenton, 30 p. 100; St-Ouen, 25 p. 100; Clichy, 23 p. 100; Aubervilliers, 26 p. 100; Neuilly, 30 p. 100; St-Denis. 24 p. 100.

L'augmentation du nombre des logements de 5 pièces à
été nettement supérieure à celle des ménages correspondants (exception à Villejuif et Vincennes); la voici:

Ivry, 84 p. 100; Pantin, 61 p. 100; Villejuif, 47 p. 100;
Sceaux, 100 p. 100; Vincennes, 57 p. 100; Levallois-Perret,

57 p. 100; Boulogne, 75 p. 100; Montreuil, 79 p. 100; Charenton, 79 p. 100; St-Ouen, 59 p. 100; Clichy, 41 p. 100; Aubervilliers, 46 p. 100; Neuilly, 41 p. 100; St-Denis, 93 p. 100.

Il y a donc une tendance, comme à Paris, à construire plutôt des logements assez vastes; elle est cependant beaucoup moins accusée, comme la comparaison avec l'accroissement des logements de 6 pièces le prouve: dans Paris, la plupart du temps, le maximum d'augmentation porte sur ces derniers et, dans le cas contraire, l'écart est fort peu considérable. Dans le groupe de cantons que nous étudions, l'augmentation du nombre des logements de 5 pièces a été supérieure à celle des logements de 6 pièces le plus souvent. Font exception les cantons de Clichy, Neuilly, St-Ouen, Vincennes, où on a construit beaucoup plus de logements de 6 pièces et celui de Levallois-Perret où il y a équivalence absolue entre les deux catégories. On peut noter que ce sont ceux qui présentent le plus nettement les caractères des grandes villes, où malheureusement la question du logement n'est en général pas résolue de façon très satisfaisante.

*
* *

On peut se demander quelle est l'influence des mauvaises conditions de logement sur la mortalité des habitants de l'agglomération parisienne. En effet, si l'on examine une carte représentant la mortalité générale dans l'ensemble du département, par arrondissement dans Paris et par commune dans la banlieue, on constate tout d'abord que la mortalité est beaucoup plus forte dans la banlieue que dans Paris, et, à l'intérieur de la capitale, dans les arrondissements de la périphérie que dans le centre (1). Une distinction est du reste à établir entre les arrondissements proches des fortifications eux-mêmes. La mortalité est bien moindre dans ceux de l'ouest: 16° et 17°. Il semble au premier abord que l'on pourrait rechercher l'explication de cette répartition dans la densité de la population. Mais l'examen attentif d'une carte de cette densité ne révèle pas de

(1) Les considérations qui suivent renvoient le lecteur aux cartes démographiques empruntées à notre rapport établi pour le Conseil Général de la Seine relativement à la question du logement dans l'agglomération parisienne (1918, doc. n° 11). Ces cartes, au nombre de quatre, sont insérées dans le présent numéro. Elles représentent, en teintes graduées d'après l'activité du phénomène envisagé, pour l'année 1911, et d'après les documents cités, en ce qui concerne le département de la Seine: la *Densité de la population*, la *Mortalité générale*, la *Population mal logée* et la *Mortalité due à la tuberculose*.

ressemblance avec celle de la mortalité générale. La densité maxima est réalisée dans les 2ᵉ, 3ᵉ, 4ᵉ 11ᵉ arrondissements; or ils comptent parmi ceux où la mortalité est la moins forte. De même la densité, moindre dans le 13ᵉ que dans les autres arrondissements, n'explique pas la forte mortalité qui s'y produit (260 habitants pour 10.000). Cependant une faible densité et une faible mortalité coïncident dans le 16ᵉ, sans que ce fait isolé puisse être probant.

En banlieue, nous ne trouvons pas plus de rapports entre la densité et la mortalité générale. A ce dernier point de vue, remarquons tout de suite que, pour certaines localités, comme Châtillon, Fresnes, Ivry, le Kremlin-Bicêtre, Ville-juif, St-Maurice, la répartition de la mortalité générale se trouve en quelque sorte faussée par la présence d'hospices ou de prisons qui en augmentent forcément le pourcentage. Assurément, à Clichy, St-Ouen, St-Denis, Aubervilliers, Bagnolet, Gentilly, Montrouge, Malakoff, Vanves, la densité et la mortalité sont fortes toutes deux; mais les dissemblances entre les cartes sont bien plus frappantes que les ressemblances: ainsi la mortalité est de 637 pour 10.000 à Nanterre pour une densité de 18 à l'hectare, et la mortalité n'est que de 171 et 175 pour 10.000 à Puteaux et à Suresnes, où la population est beaucoup plus dense (48 et 97 à l'hectare); on peut faire la même remarque pour Gennevilliers (faible densité, forte mortalité) et Bois-Colombes, Asnières et surtout Courbevoie où la densité est très forte, la mortalité beaucoup plus faible. Bien d'autres localités: Bobigny, Drancy, la Courneuve, Créteil, Antony, ont aussi une forte mortalité pour une population peu dense. Il n'y a d'accord entre le faible pourcentage de la mortalité et de la densité que dans quelques localités comme Bourg-la-Reine, Rungis, Orly, Fontenay ou Rosny-sous-Bois. Ce n'est donc pas dans la répartition de la densité qu'il faut chercher l'explication de la mortalité générale.

Mais la comparaison entre la carte de répartition de la population mal logée et celles qui indiquent la mortalité générale et la mortalité par tuberculose frappe par de telles ressemblances que l'on ne peut manquer d'y voir un rapport de cause à effet. Mêmes taches sombres, indiquant de fortes proportions de mortalité et de mauvais logement pour le 13ᵉ arrondissement, pour les 19ᵉ, 20ᵉ, 11ᵉ arrondissements, pour Arcueil, Villejuif, le Kremlin-Bicêtre, Bonneuil, Antony, Gennevilliers, Clichy, Saint-Ouen, Saint-Denis et

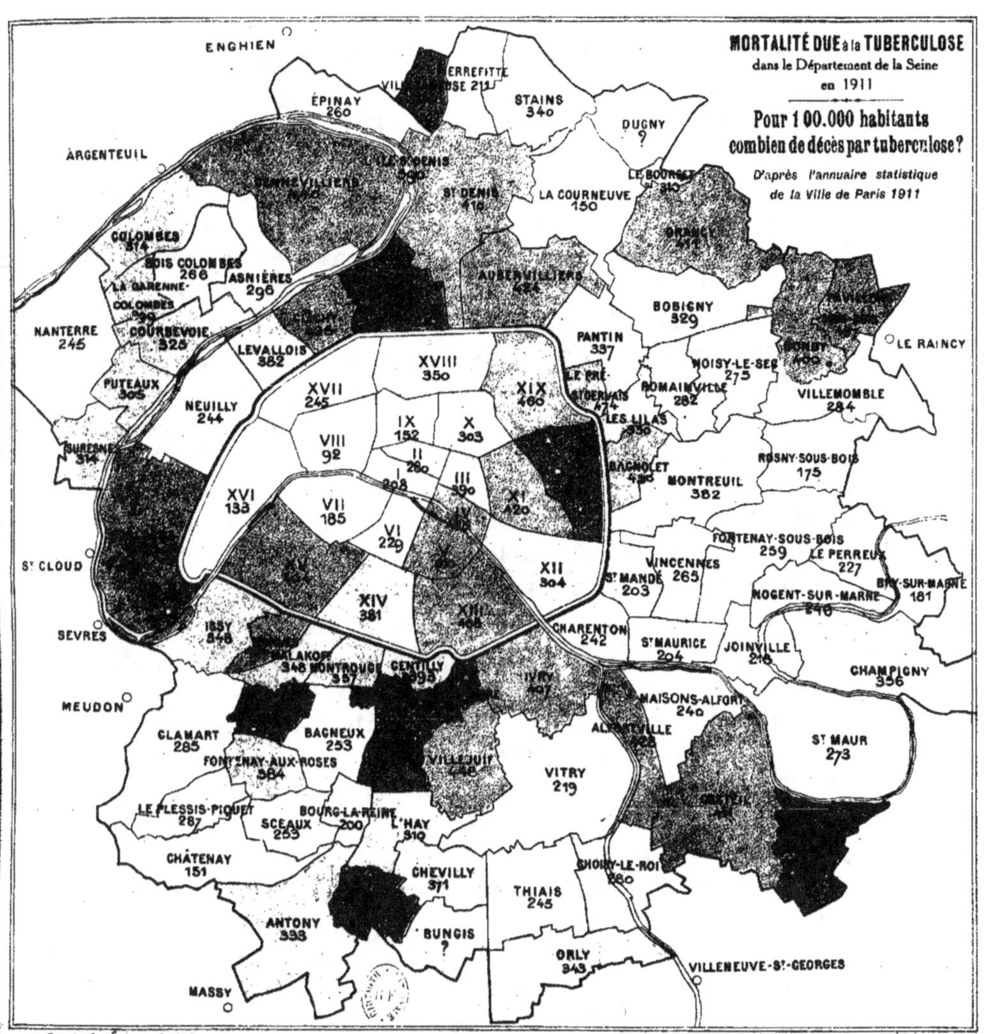

LÉGENDE

NOTE. — Il y a lieu de remarquer, en ce qui concerne les communes de Châtillon, Fresnes, Ivry, Kremlin-Bicêtre et Villejuif que les nombres indiqués comprennent les décès survenus dans certains établissements hospitaliers et prisons.

Aubervilliers. La ressemblance est particulièrement frappante entre la carte de la population mal logée et celle de la mortalité due à la tuberculose, ce qui n'est pas étonnant si l'on songe à l'influence du manque d'air et de lumière sur le développement de ce fléau. Ce fait seul suffit à montrer quelle est l'importance de l'amélioration des conditions du logement dans Paris : le premier soin, en France, où la natalité est insuffisante, devrait être de diminuer la mortalité par une meilleure hygiène — l'hygiène de l'habitation est primordiale. Mais il ne suffit pas de construire : il faut encore que les dimensions des logements construits soient proportionnées aux besoins des habitants qu'ils recevront, et nous venons de voir que ceci se trouve rarement réalisé dans l'agglomération parisienne.

La situation est-elle la même dans le reste de la France ? Les éléments de comparaison font défaut le plus souvent. On peut cependant tirer quelques renseignements utiles de « l'Enquête sur les conditions de la vie ouvrière et rurale en France en 1913-1914 » (1). Les conditions de l'habitation y ont été étudiées, mais on n'a compté comme surpeuplés que les logements abritant plus de deux personnes par pièce. En partant de ce principe, on admettait que, parmi les ouvriers d'industrie des villes (l'enquête n'atteignant que des villes de moyenne importance), la proportion de mal logés était de 40,6 p. 100, à peu près comme à Charenton, Orly, Plessis-Robinson, Pavillons-sous-Bois ; pour les ouvriers d'industrie des petites localités, cette proportion montant à 41,2 p. 100, ce qui est analogue à celle de Champigny, Thiais, Courbevoie, Vitry, Suresnes, du 2ᵉ et du 5ᵉ arrondissements. Les conditions du logement étaient beaucoup plus défectueuses pour les ménages d'ouvriers agricoles, dont 50,2 p. 100 occupaient des logements surpeuplés, soit la proportion qui existe à Vanves, Arcueil-Cachan et dans le 11ᵉ arrondissement, proportion très forte.

Le nombre absolu des logements surpeuplés était donc beaucoup trop élevé en France ; et il ne semble pas qu'il y ait eu, avant la guerre, de tendance à l'amélioration sous ce rapport. La même enquête signale que les progrès réalisés depuis une trentaine d'années dans les conditions d'existence des familles ouvrières ou rurales portent plutôt sur

(1) Cf. *Bulletin de la Statistique générale de la France*, octobre 1916, janvier et avril 1917.

le vêtement et la nourriture que sur l'habitation. En ce qui concerne le nombre de pièces des logements, l'enquête faisait, pour plusieurs villes de province, des constatations analogues à celles que suggère l'étude de l'agglomération parisienne; c'est ainsi qu'à Toulouse on écrivait: « La situation des ouvriers de la ville, au point de vue de l'habitation, est plus mauvaise qu'il y a trente ans. On a fait disparaître beaucoup d'anciennes maisons qui étaient divisées en petits appartements; les nouveaux immeubles construits comportent des appartements de 5 à 12 pièces. Les ouvriers disposent de moins de logements qu'auparavant et sont obligés de se tasser davantage. » A Troyes, on fait des constatations navrantes sur l'état sanitaire des maisons, et là aussi aucune amélioration ne se manifeste, car « il se construit peu de maisons pour la classe ouvrière, les vieilles maisons rapportant plus que les neuves. » Là, comme à Brest, une trop grande partie des logements ouvriers se compose d'une seule pièce.

Il semble donc bien que la mauvaise adaptation des logements aux besoins de la population n'existe pas seulement dans les très grandes villes, mais sévit dans l'ensemble du pays.

Si l'on veut élargir encore le cadre des comparaisons, celle avec les conditions du logement en Angleterre s'impose en tout premier lieu; on sait, en effet, que la crise du logement y sévit en ce moment avec la même intensité qu'en France; on peut donc penser que quelques-unes des mêmes causes de crise s'y sont manifestées. De plus, une étude extrêmement scrupuleuse, méthodique et complète a été faite sur les problèmes relatifs au logement urbain, et spécialement à Londres, par Mr J. Calvert Spensley, et lue en janvier 1918 devant la Royal Statistical Society (1); ce travail fournit les éléments d'une comparaison, et nous lui empruntons les précisions qui suivent.

Il est du reste très difficile de faire cette comparaison dans le détail, les recensements étant décennaux et non quinquennaux, et de plus, celui de 1911 donne seul des renseignements sur le nombre de pièces des logements. Ce recensement a prouvé que le nombre des très vastes logements était assez considérable: soit 42.437 dans le comté de Londres, pour ceux de 10 pièces et au-dessus, ces logements

____

(1) Cf. *Journal of the Royal Statistical Society*, mars 1918.

comptant en moyenne 11 à 12 pièces, ce qui est un nombre
de pièces très supérieur à celui qui avait été choisi à Paris
pour définir les grands logements.

Il apparaît donc tout de suite qu'à Londres, comme à
Paris, il existe trop de très grands logements, puisque, au
total, la moyenne jugée nécessaire d'une pièce au moins par
personne n'est pas atteinte; en effet, pour la même division
administrative, pour un nombre total de personnes de
4.253.123, il n'y a que 3.962.759 pièces, soit une moyenne
de 1 personne 08 par pièce.

Plus de la moitié de ces habitants sont du reste logés
dans des appartements comptant de 1 à 4 pièces, ce qui
donne des conditions plus mauvaises encore que la moyenne
générale; 2.627.934 personnes pour 1.847.614 pièces. soit
1 personne 42 par pièce.

Dans l'extra-Londres, la moyenne par pièce est de 1,24
personne seulement.

C'est seulement pour cette dernière catégorie de-loge-
ments de 1 à 4 pièces que l'on peut suivre l'évolution accom-
plie depuis 1891 et 1901. La proportion des ménages occupant de tels logements, qui était de 55,3 p. 100 de la population totale du comté de Londres en 1891. était de 54 p. 100
en 1901 et 58,1 p. 100 en 1911; l'étude du nombre de mal
logés parmi eux a donc beaucoup d'importance. Si l'on considère ceux qui vivaient à plus de deux par pièce, on constate qu'une amélioration très forte des conditions de logement s'était produite de 1891 à 1901, la proportion étant
tombée de 35,6 p. 100 à 29,6 p. 100 et une amélioration
beaucoup moins importante jusqu'en 1911, où la proportion
était 27,6 p. 100.

Dans le plus grand Londres (Greater London), la proportion de ménages occupant des logements de 1 à 4 pièces est
un peu moins forte par rapport au total de la population
que dans le comté de Londres:

50 p. 100 en 1891; 47,6 p. 100 en 1901; 51,5 p. 100 en
1911.

Là-dessus, en 1891, la proportion de logements renfermant plus de deux habitants par pièce était de 33,5 p. 100,
en 1901 elle était de 27,3 p. 100 et en 1911 de 25 p. 100. La
tendance à l'amélioration rapide des conditions du logement
de 1891 à 1901, puis plus lente de 1901 à 1911, s'y manifeste
donc aussi clairement que dans le comté de Londres.

M. Spensley fait remarquer du reste que, aux yeux de la

loi, qui prend pour marque du surpeuplement le rapport
du nombre de personnes au cubage des pièces, qui ne
compte pas les enfants au-dessous de 5 ans et compte ceux
entre 5 et 10 ans comme la moitié d'une personne, le nombre de personnes comptées comme mal logées (plus de 2
par pièce) soit 758.786, tomberait à 326.482. On voit donc
que cette étude sur Londres considère comme de dimensions satisfaisantes des logements que nous aurions jugés
insuffisants à Paris — et que le nombre de logements très
vastes et leur taille sont supérieurs à Londres. C'est que
Londres renferme, plus que Paris, les catégories de richesse
et de pauvreté, les logements très beaux et les taudis
effroyables. M. Spensley a fait un calcul très approfondi des
conditions de surpeuplement. Naturellement, plus les logements sont vastes, moins ils sont surpeuplés; c'est ainsi
que le nombre moyen d'occupants par pièce est de:

1,92 pour les logements d'une pièce.
1,71   —   —   de 2 pièces.
1,37   —   —   3   —.
1,19   —   —   4   —
1,03   —   —   5   —
0,87   —   —   6   —
0,72   —   —   7   —
0,65   —   —   8   —
0,59   —   —   9   —
0,575   —   —   10   —

La moyenne générale 1,07 personne par logement est
donc un peu supérieure à ce qui serait désirable d'après
la base choisie pour Paris. Mais, en raison de l'existence de
nombreux grands logements, il y a beaucoup de pièces en
excès, 173.000 au total, si les familles étaient astreintes à ne
pas avoir plus de deux pièces par personne, ou 392.000
pièces si l'on comptait comme maximum 4 pièces pour
3 personnes.

Ce n'est pas seulement en France et en Angleterre qu'on
a pensé à étudier le rapport existant entre la population
d'une ville et le nombre et les dimensions des logements. La
question a fait à Milan, en décembre 1918, l'objet d'une
enquête approfondie. Les résultats en ont été étudiés en
détail par M. Sommaruga, dans la revue *La Casa* (Mars-
Avril 1920), d'après un principe très analogue à celui que
nous avons adopté pour Paris: cette similitude même in-

dique l'importance et l'utilité d'un tel travail au moment où tout le monde sent qu'une politique du logement vraiment nouvelle, appuyée sur des données scientifiques, doit être inaugurée.

On trouva à Milan, pour l'ensemble de la ville, 182.874 logements, comprenant 499.568 pièces, avec un total de 650.750 habitants. Pour cette enquête, on avait réuni les arrondisseménts en plusieurs zones : la première, au centre, limitée par l'ancien fossé d'enceinte ; la deuxième, comprenant l'espace qui s'étend entre ce fossé intérieur et les anciennes murailles espagnoles ; la troisième allant jusqu'à la limite de l'octroi en 1898 ; la quatrième comprise entre cette dernière ligne d'octroi et celle qui existe actuellement ; la cinquième, s'étendant jusqu'aux confins de la commune ; la sixième enfin, englobant le territoire de l'ancienne commune de Turra, annexée depuis peu à Milan.

Les résultats globaux obtenus furent les suivants :

Zones	Logements	Pièces	Habitants
Première	28.781	102.650	92.045
Deuxième	34.726	109.506	116.279
Troisième	90.127	220.192	327.410
Quatrième	21.339	51.709	83.214
Cinquième	5.039	9.953	20.442
Sixième	2.862	5.558	11.360
	182.874	499.568	650.750

C'est la troisième de ces zones qui renferme la plus grande partie des habitations, environ 50 p. 100 de leur nombre total, la plupart situées aux premiers, deuxièmes et troisièmes étages.

En ce qui concerne le nombre de pièces de ces logements, on constate que les plus nombreux sont ceux de deux pièces (67.878), ensuite viennent ceux d'une seule pièce (44.956), puis ceux de trois pièces (28.771), ceux de quatre (16.643), ceux de cinq (9.343), et ceux de six (5.787) ; le nombre des logements continuant à diminuer quand celui de leurs pièces augmente. La majorité des très vastes habitations comptant plus de dix pièces se trouve dans la zone centrale.

Le plus grand nombre des habitations (39.972) était occupé par des familles de trois personnes ; puis, 36.646 l'étaient par des familles de deux personnes, 34.547 par des familles

de quatre personnes, 22.853 par des personnes isolées,
22.711 par des familles de cinq personnes, 12.917 par des
familles de six personnes, et ainsi de suite. Il apparaît donc
que le nombre de logements de taille moyenne, les plus
répandus, est mieux proportionné qu'à Paris à celui des
familles peu nombreuses.

On peut établir comme suit la relation entre le nombre de
personnes et de pièces:

109.559 personnes habitaient	44.956 logements de	1 pièce	
246.239 — —	67.878 —	2 pièces	
112.792 — —	28.771 —	3 —	
67.471 — —	16.643 —	4 —	
39.378 — —	9.343 —	5 —	
25.773 — —	5.787 —	6 —	
16.150 — —	3.408 —	7 —	
11.066 — —	2.264 —	8 —	
6.526 — —	1.229 —	9 —	
15.796 — —	2.595 —	10 — et plus.	

Ce qui permet d'évaluer la fraction de pièce à la disposition de chaque personne, et de dresser le tableau suivant:

Nombre de pièces pour chaque habitation	Fraction de pièce par personne
1	0,410
2	0,551
3	0,765
4	0,986
5	1,186
6	1,347
7	1,477
8	1,636
9	1,694
10 et plus	1,994

Il faut ajouter aux 182.874 logements qui étaient habités
2.848 qui existaient au moment de l'enquête mais ne ren-
fermaient que des meubles; leur abandon momentané était
dû à la guerre, à la mobilisation du chef de famille le plus
souvent, et ils ont été certainement réoccupés depuis pour
la plupart.

On s'est efforcé aussi d'étudier les changements survenus
au point de vue de l'habitation depuis le dernier recensement, qui avait eu lieu en 1911, et on les a résumés en un
tableau.

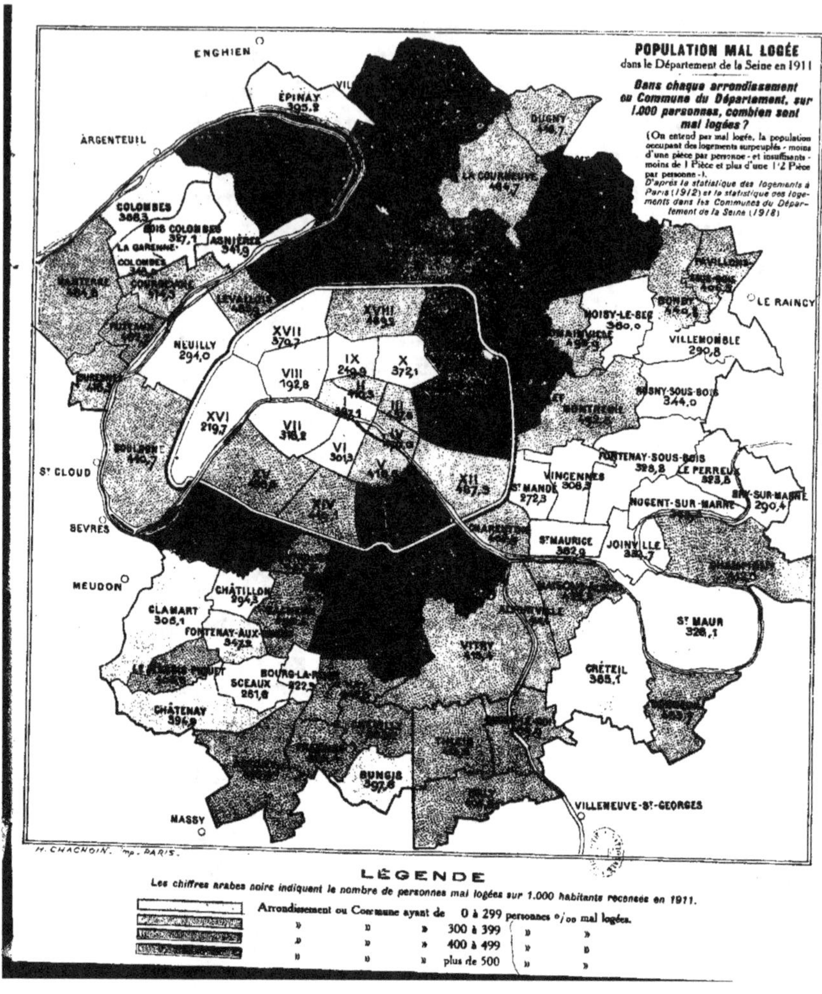

POPULATION MAL LOGÉE
dans le Département de la Seine en 1911
Dans chaque arrondissement
ou Commune du Département, sur
1.000 personnes, combien sont
mal logées ?
(On entend par mal logée, la population
occupant des logements surpeuplés - moins
d'une pièce par personne - et insuffisants -
moins de 1 Pièce et plus d'une 1/2 Pièce
par personne -).
D'après la statistique des logements à
Paris (1912) et la statistique des loge-
ments dans les Communes du Dépar-
tement de la Seine (1918)
ENGHIEN
ÉPINAY
395,2
ARGENTEUIL
DUGNY
446,7
LA COURNEUVE
446,7
COLOMBES
366,3
BOIS COLOMBES
367,1
LA GARENNE
ASNIÈRES
341,9
COLOMBES
342,4
GENNEVILLIERS
PAVILLONS
SOUS-BOIS
406,3
LE RAINCY
NANTERRE
391,8
LEVALLOIS
BOBIGNY
359,4
NOISY-LE-SEC
360,0
VILLEMOMBLE
290,8
XVIII
395,3
XVII
370,7
NEUILLY
294,0
ROMAINVILLE
416,3
ROSNY-SOUS-BOIS
344,0
VIII
192,8
IX
249,9
X
372,1
II
163,5
MONTREUIL
432,8
FONTENAY-SOUS-BOIS
328,8
LE PERREUX
328,8
I
342,1
III
XVI
219,7
VII
318,2
IV
VINCENNES
308,3
BRY-SUR-MARNE
NOGENT-SUR-MARNE
290,4
BOULOGNE
440,7
VI
301,3
V
410,3
XII
437,3
St MANDÉ
272,3
St CLOUD
XI
St MAURICE
362,9
JOINVILLE
355,7
XIV
401
XIII
BÈVRES
CHARENTON
MEUDON
CHÂTILLON
394,3
St MAUR
326,1
CLAMART
306,1
VITRY
CRÉTEIL
365,1
FONTENAY-AUX
342,2
LE PLESSIS ROBINSON
BOURG-LA-REINE
322,2
SCEAUX
261,8
CHÂTENAY
396,2
RUNGIS
397,8
VILLENEUVE-St-GEORGES
MASSY

H. CHAGNOIN. Imp. PARIS.
LÉGENDE
Les chiffres arabes noirs indiquent le nombre de personnes mal logées sur 1.000 habitants recensés en 1911.
Arrondissement ou Commune ayant de   0 à 299 personnes °/oo mal logées.
»   »   »   300 à 399   »   »
»   »   »   400 à 499   »   »
»   »   »   plus de 500   »   »

**Evolutions comparées
du logement et de la population.**

Zones	Logements	Pièces	Habitants
Première	+ 1.201	— 2.186	+ 2.336
Deuxième	— 830	— 6.673	— 2.716
Troisième	+ 13.162	+ 30.515	+ 43.986
Quatrième	+ 7.956	+ 19.884	+ 29.807
Cinquième	+ 581	+ 1.332	+ 796

La diminution du nombre des habitations dans la deuxième zone résulte de la démolition d'un grand nombre de maisons que la guerre a empêché de reconstruire.

Si l'on compare la fraction de pièce qui était à la disposition de chaque personne en 1911 et en 1918, on constate, pour l'ensemble de la commune, une petite aggravation de la situation, puisque l'on passe de 0,798 par personne en 1911 à 0,768 en 1918; elle n'existe que dans la première et la deuxième zones, tandis que dans les autres on a vu se produire une légère amélioration.

Zones	Fraction de pièce par habitant	
	1911	1918
Première	1,168	1,115
Deuxième	0,976	0,942
Troisième	0,669	0,673
Quatrième	0,596	0,621
Cinquième	0,439	0,487

Les conditions adoptées comme marque du surpeuplement des habitations sont un peu différentes de celles que nous avons choisies pour Paris; sont considérés comme surpeuplés les logements renfermant un nombre de personnes supérieur au double plus un du nombre des pièces. Voici comment on peut répartir les logements à ce point de vue:

Habitations dans lesquelles chaque personne avait à sa dispositⁿ:	Habitations	Pièces	Habitants	Fraction de pièce par habitant
plus d'une pièce.	37.631	189.867	106.285	1,786
une pièce.....	41.409	93.923	93.923	1
moins d'une pièce { sans condition de surpeuplᵗ	83.738	182.976	330.063	0,554
moins d'une pièce { dans des conditions de surpeuplᵗ	20.096	32.802	120.479	0,272
Totaux...	182.874	499.568	650.750	0,768

Evolutions comparées
du logement et de la population.

La plus forte proportion de logements renfermant plus d'une pièce par personne se rencontre dans la première zone, la plus centrale, le surpeuplement étant surtout, comme il arrive d'ordinaire et comme c'est le cas à Paris, un phénomène caractéristique des zones périphériques.

Un des résultats pratiques auxquels vise cette étude statistique sur Milan est de déterminer le nombre de logements nouveaux qui seraient nécessaires pour éviter le surpeuplement; M. Sommaruga évalue ce nombre à 13.000 pour toute la ville, soit:

560 dans la première zone; 1.434 dans la deuxième; 7.164 dans la troisième; 2.437 dans la quatrième; 938 dans la cinquième; 443 dans la sixième.

M. Sommaruga s'est aussi attaché, comme nous l'avons fait, à étudier le rapport entre le surpeuplement et la densité de la population d'une part, et la mortalité, d'autre part. Il a résumé en un tableau la densité de la population par zones:

Zones	Population	Étendue totale	Habitants par 100 mq.	Terrain bâti à usage d'habitations	Habitants par 100 mq.
1ʳᵉ	92.045	2.808.058	3,28	1.269.262	7,25
2ᵉ	116.279	5.765.943	2,02	1.283.519	9,05
3ᵉ	327.410	19.217.426	1,70	2.239.222	14,62
4ᵉ	83.214	13.411.019	— 0,62	555.502	14,98
5ᵉ	20.442	32.837.554	— 0,06	258.153	7,91
6ᵉ	11.360	736.685	1,54	47.645	23,84
Totaux.	650.750	74.776.685	0,87	5.653.303	11,51

La proportion des habitants par rapport à l'étendue totale de terrain diminue d'autant plus qu'on s'éloigne du centre pour aller vers la périphérie, tandis que, par rapport à la seule superficie bâtie, la plus forte densité s'observe dans les troisième et quatrième zones.

Ceci s'explique par le fait que les deux premières zones sont habitées en majorité par des personnes riches ou du moins à leur aise, et que, de plus, une bonne partie des constructions sert de bureaux ou de magasins.

La mortalité apparaît en relations plus étroites encore avec le surpeuplement des logements qu'avec la densité de

la population. En effet, la mortalité pour 10.000 habitants
est de:

Zones	Mortalité tuberculeuse	Mortalité générale
Première	55,52	196,83
Deuxième	22,20	186,86
Troisième	26,05	184,42
Quatrième	20,29	164,39
Cinquième	29,80	255,99
Sixième	4,27	59,83

La forte mortalité dans la cinquième zone est due aux
mauvaises conditions des logements, dont beaucoup sont
surpeuplés et aussi sont mal construits, dans des conditions antihygiéniques, pas toujours pourvus d'eau potable.

Quant à la mortalité tuberculeuse, elle atteint son maximum dans les quartiers les plus peuplés, situés pour la
plupart dans les deuxième, troisième et cinquième zones,
qui constituent depuis longtemps des foyers de tuberculose,
comme le prouve la comparaison des moyennes de 1918
avec celles de la période 1903-1912 qui étaient très analogues pour chaque même quartier.

Les résultats généraux de cette enquête semblent bien
corroborer ceux des enquêtes faites à Paris et Londres; certains phénomènes dérivent donc des conditions générales
de la vie urbaine, plutôt que de la situation particulière
de chaque pays.

En résumé, en France comme à l'étranger, et spécialement dans les très grandes villes, les conditions du logement sont loin d'être satisfaisantes; nous sommes au point
d'aboutissement d'une longue période où l'adaptation des
constructions aux besoins réels n'a pu être réalisée. La
crise ayant été portée à l'état aigu par la guerre, il semble
qu'il faille chercher, pour y porter remède, des méthodes
différentes de celles qui ont été employées jusqu'ici.

Nous devrions dire plutôt que c'est l'absence de mé-
thode qui a présidé jusqu'ici à la construction des habitations dans le département de la Seine et dans le reste du
pays.

Jusqu'avant la guerre, c'était l'initiative privée qui, seule,
avait mission de répondre aux besoins qui se manifestaient
dans ce domaine. On a vu qu'elle y pourvoyait de la manière la plus sotte et la plus abracadabrante, recherchant

avant tout le placement avantageux de capitaux, édifiant des immeubles dits de rapport, construisant ceux-ci à l'usage de gens riches et encore sans se rendre bien exactement compte même de ces besoins-là, négligeant entièrement ceux des familles qui ne peuvent se loger luxueusement, préparant, par une coupable incompétence, la crise dans laquelle nous nous débattons à l'heure actuelle.

Les propriétaires constituaient des associations pour se prémunir contre les risques auxquels leurs immeubles étaient exposés. Ils en créaient même pour se couvrir des pertes résultant du non-paiement des loyers. Où sont les études qu'ils aient jamais produites en vue de connaître les besoins d'un quartier ou d'une région de Paris? Où sont les données suivant lesquelles il aurait été de leur propre intérêt de construire ici plutôt que là, d'une manière plutôt que d'une autre, à l'intention d'une catégorie d'habitants et non à l'intention d'une catégorie différente?

Nulle part, à aucun moment, le souci de l'intérêt général ne s'est manifesté dans leurs actes.

Et le souci de la vérité nous oblige à constater que les pouvoirs publics ont fait montre de la même indifférence à l'égard d'un besoin social primordial. La simple étude que nous venons de faire et que nous faisons suivre de quelques-uns de ses éléments suffisamment éloquents pour se passer de tout commentaire, démontre qu'en s'aidant de données telles que le recensement datant de 1911 et les enquêtes sur les logements datant de 1912 et 1918, il y a moyen de déterminer, sinon avec une rigoureuse certitude, au moins avec des chances suffisantes de logique appréciation, quelles sont les nécessités du logement, les régions où elles se produisent, les catégories d'habitants qui en souffrent.

Imagine-t-on les ressources qu'offriraient des statistiques tenues à jour et les enseignements qu'y trouveraient tous ceux qui, à un titre quelconque, ont un intérêt dans la question? Les études faites à l'étranger par les municipalités permettent en temps normal de dégager le pourcentage d'habitations vacantes que l'agglomération doit offrir en vue d'assurer le logement normal à la collectivité. L'Office du logement créé à Paris, à grand'peine et tout récemment, borne son activité à signaler vaguement d'hypothétiques habitations à la foule de ses clients. Il n'en saurait être autrement en ce moment. Mais prépare-t-on l'avenir? L'Office songe-t-il à se rendre vraiment utile un jour, s'organiset-il de manière à pouvoir rendre service à la collectivité en fournissant à celle-ci les indications qu'il est de sa mission de recueillir et dont une agglomération aussi vaste que le grand Paris ne saurait se passer? La création d'un Office de logement, au moment précis où il n'y a pas de logements et où tant de gens en réclament, semblerait un paradoxe, si elle n'avait du moins pour conséquence l'institution d'un service capable de réunir les éléments indispensables, en vue de déterminer une politique de l'habitation.

Les besoins sans cesse grandissants d'une agglomération aussi vaste et aussi dense que le département de la Seine font apparaître la nécessité la plus absolue de cette « politique ».

DÉPARTEMENT DE LA SEINE

—

PARIS, SAINT-DENIS ET SCEAUX

—

DÉVELOPPEMENT DE LA POPULATION

1886	1896	Différence entre 1886 et 1896	Pour 100
2.884.403	3.326.905	+ 443.102	+ 15,3

1911	Différence entre 1896 et 1911	Pour 100	Différence entre 1886 et 1911	Pour 100
4.105.887	+ 778.982	+ 23,4	+ 1.222.084	+ 42,3

COMPOSITION DES MÉNAGES

Personnes	1896	1911	Différence	Pour 100
1	343.864	302.404	— 41.460	— 12
2	321.030	406.361	+ 85.331	+ 26
3	226.512	306.273	+ 79.761	+ 35
4	142.635	185.604	+ 42.969	+ 30
5	79.926	93.986	+ 14.060	+ 17
6	41.193	45.089	+ 3.896	+ 9
	1.155.160	1.339.717	+ 184.557	+ 16

COMPOSITION DES LOGEMENTS

Pièces	1896	1911	Différence	Pour 100
1	417.203	290.633	— 126.570	— 30
2	289.823	377.607	+ 87.784	+ 30
3	236.722	327.501	+ 90.779	+ 38
4	119.093	175.574	+ 55.481	+ 47
5	48.084	67.846	+ 19.762	+ 41
6	29.802	42.463	+ 12.661	+ 42
	1.140.727	1.281.624	+ 140.897	+ 12

VILLE DE PARIS

---

20 ARRONDISSEMENTS

DÉVELOPPEMENT DE LA POPULATION

1886	1896	Différence entre 1886 et 1896	Pour 100
2.260.945	2.511.629	+ 250.684	+ 11

1911	Différence entre 1896 et 1911	Pour 100	Différence entre 1886 et 1911	Pour 100
2.847.229	+ 335.600	+ 13,3	+ 586.284	+ 25,9

COMPOSITION DES MÉNAGES

Personnes	1896	1911	Différence	Pour 100
1......	294.771	242.591	— 52.180	— 18
2......	256.969	301.866	+ 44.897	+ 17
3......	174.683	215.648	+ 40.965	+ 23
4......	106.342	123.341	+ 16.999	+ 16
5......	57.462	59.697	+ 2.235	+ 4
6......	28.863	28.059	— 804	— 3
	919.090	971.202	+ 52.112	+ 6

COMPOSITION DES LOGEMENTS

Pièces	1893	1911	Différence	Pour 100
1......	369.211	247.313	— 121.898	— 33
2......	223.553	289.216	+ 65.663	+ 29
3......	177.374	224.759	+ 47.385	+ 27
4......	82.720	106.621	+ 23.901	+ 29
5......	33.998	43.922	+ 9.924	+ 29
6......	20.778	27.253	+ 6.475	+ 31
	907.634	939.084	+ 31.450	+ 3

DÉPARTEMENT DE LA SEINE

SAINT-DENIS ET SCEAUX

DÉVELOPPEMENT DE LA POPULATION

1886	1896	Différence entre 1886 et 1896	Pour 100
623.458	815.276	+ 192.418	+ 30,8

1911	Différence entre 1896 et 1911	Pour 100	Différence entre 1886 et 1911	Pour 100
1.258.658	+ 443.382	+ 54,3	+ 635.800	+ 101,9

COMPOSITION DES MÉNAGES

Personnes	1896	1911	Différence	Pour 100
1......	49.093	59.813	+ 10.720	+ 22
2......	64.061	104.495	+ 40.434	+ 63
3......	51.829	90.625	+ 38.796	+ 74
4......	36.293	62.263	+ 25.970	+ 71
5......	22.464	34.289	+ 11.825	+ 52
6......	12.330	17.030	+ 4.700	+ 38
	236.070	368.515	+ 132.445	+ 56

COMPOSITION DES LOGEMENTS

Pièces	1896	1911	Différence	Pour 100
1......	47.992	43.320	— 4.672	— 9
2......	66.270	88.391	+ 22.121	+ 33
3......	59.348	102.742	+ 43.394	+ 73
4......	36.373	68.953	+ 32.580	+ 89
5......	14.086	23.924	+ 9.838	+ 67
6......	9.024	15.210	+ 6.186	+ 68
	233.093	342.540	+ 109.447	+ 47

DÉPARTEMENT DE LA SEINE

ARRONDISSEMENT DE SAINT-DENIS

DÉVELOPPEMENT DE LA POPULATION

1886	1893	Différence entre 1886 et 1896	Pour 100
350.570	470.764	+ 120.194	+ 34,2

1911	Différence entre 1896 et 1911	Pour 100	Différence entre 1886 et 1911	Pour 100
724.353	+ 253.589	+ 53,8	+ 373.783	+ 106,6

COMPOSITION DES MÉNAGES

Personnes	1896	1911	Différence	Pour 100
1......	30.025	37.977	+ 7.952	+ 26
2......	38.540	62.255	+ 23.715	+ 62
3......	30.741	54.121	+ 23.380	+ 76
4......	21.805	37.054	+ 15.249	+ 70
5......	13.498	20.371	+ 6.873	+ 51
6......	7.698	10.110	+ 2.412	+ 31
	142.307	221.888	+ 79.581	+ 56

COMPOSITION DES LOGEMENTS

Pièces	1896	1911	Différence	Pour 100
1......	32.362	31.489	— 873	— 3
2......	41.804	56.110	+ 14.306	+ 34
3......	34.410	63.240	+ 28.830	+ 83
4......	19.781	38.764	+ 18.983	+ 96
5......	8.003	13.033	+ 5.030	+ 63
6......	5.013	8.059	+ 3.046	+ 61
	141.373	210.695	+ 69.322	+ 49

DÉPARTEMENT DE LA SEINE

ARRONDISSEMENT DE SCEAUX

DÉVELOPPEMENT DE LA POPULATION

1886	1896	Différence entre 1886 et 1896	Pour 100
272.888	344.512	+ 72.224	+ 26,4

1911	Différence entre 1896 et 1911	Pour 100	Différence entre 1886 et 1911	Pour 100
534.305	+ 189.793	+ 55	+ 262.017	+ 96

COMPOSITION DES MÉNAGES

Personnes	1896	1911	Différence	Pour 100
1	19.068	21.836	+ 2.768	+ 14
2	25.521	42.240	+ 16.719	+ 65
3	21.088	36.504	+ 15.416	+ 73
4	14.488	25.209	+ 10.721	+ 74
5	8.966	13.918	+ 4.952	+ 55
6	4.632	6.920	+ 2.288	+ 49
	93.763	146.627	+ 52.864	+ 56

COMPOSITION DES LOGEMENTS

Pièces	1896	1911	Différence	Pour 100
1	15.630	11.831	— 3.799	— 24
2	24.466	32.281	+ 7.815	+ 32
3	24.938	39.502	+ 14.564	+ 58
4	16.592	30.189	+ 13.597	+ 82
5	6.083	10.891	+ 4.808	+ 79
6	4.011	7.151	+ 3.140	+ 78
	91.720	131.845	+ 40.125	+ 43

DENSITÉ DE LA POPULATION

Dans chaque arrondissement ou commune du département, combien d'habitants par hectare ?

Rang des arrondissements et communes

D'après l'Annuaire statistique de la Ville de Paris et le Recensement de 1911

1	3e arrondiss.	739
2	11e —	663
3	4e —	641
4	2e —	611
5	9e —	553
6	10e —	535
7	18e —	520
8	6e —	481
9	5e —	480
10	17e —	471
11	14e —	356
12	20e —	344
13	1er —	313
14	19e —	274
15	15e —	273
16	8e —	263
16	12e —	263
18	7e —	250
19	Levallois	244
20	13e arrondiss.	227
21	16e —	200
22	Clichy	161
23	Vincennes	107
24	Kremlin - Bicêtre	106
25	Montrouge	101
26	Courbevoie	100
27	Saint-Ouen	99
28	Puteaux	97
29	Bois-Colombes	87
29	Asnières	87
31	Les Lilas	84
32	Malakoff	81
33	La Garenne-Col.	79
34	Saint-Mandé	76
35	Neuilly	75
36	Aubervilliers	68
37	Pantin	67
38	Gentilly	64
39	Vanves	63
40	Ivry-sur-Seine	61
41	Saint-Denis	56
42	Alfortville	55
43	Bagnolet	51
44	Boulogne	50
45	Charenton	49
46	Suresnes	48
46	Montreuil	48
48	Issy-l.-Moulineaux	47
49	Le Perreux	43
50	Le Pré-St-Gervais	40
51	Nogent-s.-Marne	39
52	Colombes	30
52	Choisy-le-Roi	30
54	Maisons-Alfort	29
55	St-Maur-d.-Fossés	29
56	Noisy-le-Sec	27
56	Saint-Maurice	27
58	Romainville	25
58	Joinville	25
60	Arcueil-Cachan	24
61	Villemomble	23
62	Fontenay-s.-Bois	20
63	Pavillons-s.-Bois	19
64	Ile-Saint-Denis	18
64	Nanterre	18
66	Fonten.-aux-Roses	17
67	Sceaux	16
67	Villejuif	16
69	Châtillon	15
69	Le Bourget	15
71	Bondy	13
71	Epinay	13
71	Clamart	13
74	Pierrefitte	12
74	Vitry-s.-Seine	12
76	Rosny-sous-Bois	11
77	Champigny	9
77	Gennevilliers	9
77	Fresnes	9
80	Bry-sur-Marne	8
81	Stains	7
82	Thiais	6
83	Bobigny	5
83	Drancy	5
83	Antony	5
83	Bagneux	5
83	Créteil	5
88	La Courneuve	4
88	Villetaneuse	4
90	Bourg-la-Reine	3
90	Châtenay	3
90	L'Hay	3
93	Chevilly	2
93	Dugny	2
93	Le Plessis-Robin-son	2
96	Bonneuil-s.-Marne	1
96	Orly	1
96	Rungis	1

MORTALITÉ GÉNÉRALE EN 1911

Pour 10.000 habitants combien de décès ?

Rang des arrondissements et communes

D'après l'*Annuaire statistique de la Ville de Paris* et le *Recensement de 1911*

1	Nanterre	637,4	50	Montrouge	192,6
2	Châtillon	609,9	51	Les Lilas	190,5
3	Kremlin-Bicêtre	556,5	52	5e arrondiss.	190
4	Villejuif	487,4	53	Le Perreux	187,9
5	L'Hay	370,6	54	Levallois-Perret	186,2
6	Ivry-s.-Seine	329,8	55	Clamart	185,4
7	Créteil	284,5	56	15e arrondiss.	185
8	Gentilly	277,9	57	11e arrondiss.	184
9	Saint-Maurice	271,8	58	Neuilly	183,1
10	Bobigny	268,2	59	Colombes	181,5
11	13e arrondiss.	260	60	Nogent-s.-Marne	180,8
12	Arcueil-Cachan	252,9	61	Pantin	180,1
13	Saint-Ouen	248,4	62	Courbevoie	179,7
14	Bry-sur-Marne	246,7	63	Thiais	179,1
15	Ile-Saint-Denis	243,1	64	4e arrondiss.	179
16	Gennevilliers	241,1	65	Dugny	176,8
17	Bonneuil-s.-Marne	239,3	66	Suresnes	175,8
18	Noisy-le-Sec	238,2	67	Puteaux	171,1
19	Issy-les-Moulin.	236,8	68	18e arrondiss.	169
20	Champ.-s.-Marne	232,5	69	Bois-Colombes	168
21	20e arrondiss.	231	70	Charenton	167,3
22	Plessis-Robinson	229,5	71	Choisy-le-Roi	166,6
23	Bagnolet	229,1	72	Bagneux	166,4
24	Epinay	229	73	Pierrefitte	166,3
25	Pré-St-Gervais	226,8	74	3e arrondiss.	166
26	Romainville	224	75	12e arrondiss.	165
27	Drancy	222,2	75	Asnières	165
28	Vanves	219,5	77	Fontenay-s.-Bois	161,9
29	Pavill.-s.-Bois	218,9	78	Vitry	161,7
30	Stains	217,8	79	Maisons-Alfort	161,5
31	Montreuil	217,6	80	Châtenay	160,8
32	La Courneuve	215,7	81	Joinville	158,9
33	Boulogne	214,8	82	Fresnes	157,8
34	Saint-Mandé	212,4	83	10e arrondiss.	157
35	Sceaux	212,1	84	Villemomble	156,8
36	19e arrondiss.	212	85	Rosny-sous-Bois	155,7
37	Alfortville	210,6	86	Vincennes	154
38	Aubervilliers	209,2	87	La Gar.-Colombes	153,8
39	Malakoff	208,8	88	2e arrondiss.	145
40	Saint-Denis	207,4	89	6e arrondiss.	143
41	Antony	206,5	90	Orly	137,2
42	Clichy	206,2	91	17e arrondiss.	136
43	Font.-aux-Roses	203,4	92	7e arrondiss.	130
44	Villetaneuse	201,2	93	Bourg-la-Reine	125,8
45	14e arrondiss.	201	94	16e arrondiss.	125
46	Chevilly	199	95	1er arrondiss.	124
47	St-Maur-d.-Fossés	198,9	96	9e arrondiss.	119
48	Bondy	197,8	97	Rungis	114
49	Le Bourget	193,9	98	8e arrondiss.	105

MORTALITÉ TUBERCULEUSE

Pour 100 000 habitants, combien de décés par tuberculose ?

Rang des arrondissements et communes

D'après l'Annuaire statistique de la Ville de Paris 1911

1	Fresnes	855	50	Courbevoie	325
2	Châtillon	718	51	Colombes	314
3	Arcueil-Cachan	552	51	Suresnes	314
4	Saint-Ouen	540	53	Le Bourget	310
5	20e arrondiss.	534	53	L'Hay	310
6	Bonneuil-s.-Marne	532	55	Puteaux	305
7	Villetaneuse	530	56	12e arrondiss.	304
8	Kremlin-Bicêtre	520	57	10e arrondiss.	303
9	Pavillons-s.-Bois	487	58	Asnières	296
10	Le Pré-St-Gervais	474	59	Plessis-Robinson	287
11	13e arondiss.	468	60	Clamart	285
12	19e arrondiss.	460	61	Villemomble	284
13	Villejuif	448	62	Romainville	282
14	Gennevilliers	440	63	2e arrondiss.	280
15	Boulogne	434	63	Choisy-le-Roi	280
16	Bagnolet	430	65	Noisy-le-Sec	275
17	Alfortville	428	66	St-Maur-d.-Fossés	273
18	4e arrondiss.	425	67	Bois-Colombes	266
18	Clichy	425	68	Vincennes	265
20	Aubervilliers	424	69	Epinay	260
21	11e arrondiss.	420	70	Fontenay-s.-Bois	259
22	Créteil	411	71	Sceaux	253
22	Drancy	411	71	Bagneux	253
24	5e arrondiss.	410	73	Nogent-sur-Marne	246
24	Saint-Denis	410	74	17e arrondiss.	245
26	Ivry-sur-Seine	407	74	Thiais	245
27	15e arrondiss.	404	74	Nanterre	245
27	Vanves	404	77	Neuilly-sur-Seine	244
29	Bondy	400	78	Charenton	242
30	La Gar.-Colombes.	399	79	Maisons-Alfort	240
31	Gentilly	393	80	6e arrondiss.	229
32	3e arrondiss.	390	81	Le Perreux	227
32	Ile-Saint-Denis	390	82	Vitry-sur-Seine	219
34	Fonten.-aux-Roses	384	83	Joinville	218
35	Levallois-Perret.	382	84	Pierrefitte	211
35	Montreuil	382	85	1er arrondiss.	208
37	14e arrondiss.	381	86	Saint-Maurice	204
38	Chevilly	371	87	Saint-Mandé	203
39	Montrouge	357	88	Bourg-la-Reine	200
40	Champigny	356	89	7e arrondiss.	185
41	18e arrondiss.	350	90	Bry-sur-Marne	181
42	Issy-l.-Moulineaux	348	91	Rosny-sous-Bois	175
42	Malakoff	348	92	9e arrondiss.	152
44	Orly	343	93	Châtenay	151
45	Stains	340	94	La Courneuve	150
46	Pantin	337	95	16e arrondiss.	133
47	Antony	333	96	8e arrondiss.	92
48	Les Lilas	330	97	Rungis	(1)
49	Bobigny	329	98	Dugny	(1)

(1) Commune de moins de 5.000 habitants. Pas de statistique.

POPULATION MAL LOGÉE

Dans chaque arrondissement ou commune du département, sur
1.000 personnes, combien sont mal logées ? (On entend par mal
logée la population occupant des logements surpeuplés — moins
d'une pièce par personne et insuffisante — moins de 1 pièce et
plus d'une 1/2 pièce par personne)

Rang des arrondissements et communes

D'après la *Statistique des logements à Paris* (1912) et la *Statistique des
logements dans les communes du département de la Seine* (1918)

1	Aubervilliers	646,6	50	Montrouge	437,3
2	Drancy	636,7	51	Antony	433,4
3	Saint-Ouen	622,9	52	Alfortville	431,4
4	19e arrondiss.	606	53	Maisons-Alfort	422,3
5	Gentilly	591,7	54	5e arrondiss.	418,6
6	Le Pré-St-Gervais.	587,1	55	Suresnes	416,3
7	Ile-Saint-Denis	584,2	56	Vitry	415,4
8	Saint-Denis	583,6	57	Courbevoie	414,3
9	20e arrondiss.	582,8	58	Thiais	413,5
10	Clichy	578,5	59	Champigny	412,3
11	Kremlin-Bicêtre	574,2	60	2e arrondiss.	410,3
12	Bobigny	571,6	61	Pavillons-s.-Bois	406,5
13	13e arrondiss.	568,6	62	Plessis-Robinson	405,8
14	Bagnolet	547,8	63	Orly	405,5
15	Villejuif	543,4	64	Charenton	402,9
16	Ivry-sur-Seine	542,9	65	Rungis	397,6
17	Le Bourget	536,5	66	Epinay	395,2
18	Pantin	534,8	67	Châtenay	394,9
19	Gennevilliers	529,9	68	Créteil	385,1
20	Les Lilas	529,2	69	Saint-Maurice	382,9
21	Pierrefitte	527,9	70	10e arrondiss.	372,1
22	Stains	519	71	17e arrondiss.	370,7
23	Malakoff	518,7	72	1er arrondiss.	367,1
24	Issy-l.-Moulineaux	515,1	73	Colombes	366,3
25	Villetaneuse	512,2	74	Noisy-le-Sec	360
26	Vanves	504,9	75	Font.-aux-Roses	347,2
27	Arcueil-Cachan	504,3	76	Rosny-sous-Bois	344
28	11e arrondiss.	502,9	77	La Gar.-Colombes	343
29	Romainville	496,9	78	Asnières	341,9
30	Bagneux	493,4	79	Joinville	332,7
31	Montreuil	492,5	80	Fontenay-s.-Bois	328,8
32	18e arrondiss.	489,2	81	St-Maur-d.-Fossés	328,1
33	12e arrondiss.	487,3	82	Bois-Colombes	327,1
34	Bonneuil-s-Marne	485,7	83	Le Perreux	323,8
35	Nanterre	484,8	84	7e arrondiss.	318,2
36	Levallois	483,9	85	Vincennes	308,3
37	15e arrondiss.	483,5	86	Clamart	306,1
38	4e arrondiss.	470	87	6e arrondiss.	301,3
39	Choisy-le-Roi	469	88	Châtillon	294,3
40	La Courneuve	464,7	89	Neuilly	294
41	Chevilly	463,2	90	Villemomble	290,8
42	Puteaux	462,7	91	Bry-sur-Marne	290,4
43	Fresnes	450,4	92	Sceaux	281,6
44	14e arrondiss.	449,1	93	Saint-Mandé	272,3
45	Dugny	448,7	94	Nogent-s-Marne	265,3
46	L'Hay	447,5	95	9e arrondiss.	249,9
47	Boulogne	440,7	96	Bourg-la-Reine	222,3
48	Bondy	440,2	97	16e arrondiss.	219,7
49	3e arrondiss.	437,6	98	8e arrondiss.	192,6

DÉPARTEMENT DE LA SEINE (1911)

RÉSUMÉ GÉNÉRAL

Nombre d'habitants vivant dans des logements :

	MAISONS ORDINAIRES						HOTELS, GARNIS, ETC.						TOTAL					
	PARIS	POUR 100	BANLIEUE	POUR 100	TOTAL	POUR 100	PARIS	POUR 100	BAN-LIEUE	POUR 100	TOTAL	POUR 100	PARIS	POUR 100	BANLIEUE	POUR 100	TOTAL	POUR 100
Surpeuplés......	215.888		85.209		301 097		18.006		2.074		20.080		233.894		87.283		321.177	
Insuffisants......	924.757		421.785		1.346.542		42.901		6.005		48.906		967.658		427.790		1.395.448	
Habitants mal logés.	1.140.645	432,2	506.994	455,9	1.647.639	439,2	60.907	376,4	8.079	325,3	68.986	369,5	1.201 552	428,9	515.073	453,1	1.716.625	435,9
Suffisants.......	736.294		277.620		1.013.914		99.800		15.386		115.186		836.094		293.006		1.129.100	
Assez larges.....	436.372		212.269		678.641		210		904		1.114		456.582		213.173		679.755	
Très larges......	296.150		115.070		411.220		924		470		1.394		297.074		115.540		412.614	
Habitants bien logés.	1.498.816	567,8	604.959	544,1	2.103.775	560,8	100.934	623,6	16.760	674,7	117.694	360,5	1.559.750	571,1	621.719	546,9	2.221.469	564,1
Total (habitants).	2.639.461	1.000,0	1.111.953	1.000,0	3.751.414	1.000,0	161.841	1.000,0	24.839	1.000,0	186.680	1.000,0	2.801.302	1 000,0	1.136.792	1.000,0	3.938.094	1.000,0
Renseignements insuffisants....	16.163		69.795		85.958		2.953		2.283		5.236		19.116		72.078		91.194	
Bateaux........,	»		»		»		»		»		»		1.358		655		2.023	
Voitures, baraques, etc......	»		»		»		»		»		»		702		671		1.373	
Dortoirs.........	»		»		»		»		»		»		6,563		438		7.001	
Population comptée à part (troupes, prisons, hospices, etc.)	»		»		»		»		»		»		9.620		51.770		61.390	
TOTAUX GÉNÉRAUX	2.655.624		1.181.748		3.837.372		164.794		27.122		191.916		2.838.661		1.262.414		4.101.075